O GUIA INCRIVELMENTE FÁCIL PARA O PIXEL 8

UM GUIA FÁCIL DE COMPREENDER SOBRE O GOOGLE PIXEL PHONE E O ANDROID 14

SCOTT LA COUNTE

RIDICULOUSLY SIMPLE BOOKS

ANAHEIM, CALIFÓRNIA

www.RidiculouslySimpleBooks.com

Índice

Aviso Legal: Embora tenham sido feitos todos os esforços para garantir a exatidão, este livro não é aprovado pela Alphabet, Inc. e deve ser considerado não oficial.

INTRODUÇÃO

Saiba como dominar o Pixel 8!

Se compararmos o preço de um telemóvel Pixel com concorrentes como o iPhone ou a Samsung, é de esperar que seja mais acessível. No entanto, o Pixel tem mostrado consistentemente que oferece um valor tremendo, muitas vezes superando o seu preço. Isto é mais evidente do que nunca com o Pixel 8. Com o seu chip avançado e IA inovadora, o Pixel 8 não é apenas mais rápido, mas também incrivelmente intuitivo, muitas vezes parecendo que está a antecipar todos os seus movimentos.

Quer esteja a fazer a transição de um iPhone ou de outro aparelho Android, este guia foi concebido para si. Simplifica todos os aspectos do Pixel 8, garantindo que tira o máximo partido do seu novo dispositivo.

Neste guia, irá aprofundar:
- Configurar o Pixel 8
- Tratamento de chamadas sem problemas
- Descarregar e gerir aplicações
- Capturar fotografias e vídeos fantásticos com a câmara actualizada do Pixel 8
- Navegar na Web com facilidade
- Ajustar as definições do sistema de acordo com as suas preferências

☐   ...e muito mais!

Está pronto para descobrir todo o potencial do seu Pixel 8? Mergulhe agora! Nota: Este livro não é apoiado pela Alphabet, Inc e deve ser considerado não oficial.

[1]

COMEÇAR AQUI

BATALHA DOS TELEMÓVEIS

Antes de chegarmos ao cerne deste livro: como funciona o Pixel - quero fazer uma pausa e ver o que torna o Pixel único.

PIXEL 8 VS. PIXEL 8 PRO

Dá por si a olhar para o Pixel 8 e para o Pixel 8 Pro, perguntando-se qual é a grande diferença? Claro, o Pro é um pouco maior, mas isso não justifica exatamente o preço mais elevado. Então, qual é a grande diferença?

Para começar, como referido acima, há uma diferença de tamanho. O Pixel 8 tem dimensões de 150,5 x 70,8 x 8,9 mm, cabendo perfeitamente na maioria das mãos com o seu ecrã de 6,2 polegadas. O Pixel 8 Pro, no entanto, estica um pouco mais as coisas, ostentando um ecrã de 6,7 polegadas e dimensões ligeiramente mais largas de 162,6 x 76,5 x 8,8 mm. Esses milímetros extra alojam um ecrã OLED LTPO mais expansivo, que não é apenas maior, mas também mais brilhante, capaz de atingir até 2400 nits no seu pico.

A proteger estes ecrãs estão variações do Gorilla Glass Victus. Embora ambos os telemóveis tenham esta armadura de confiança a proteger os seus ecrãs, o modelo Pro recebe uma atualização com o Gorilla Glass Victus 2, proporcionando uma camada extra de segurança contra os desafios da utilização diária.

Sob o capô, ambos os telefones ganham vida com o chipset Google Tensor G3, garantindo um desempenho rápido e suave em todas as aplicações. No entanto, quando se trata de memória, a versão Pro é... bem, mais "profissional". Enquanto o Pixel 8 oferece um máximo de 256 GB de armazenamento, juntamente com 8 GB de RAM, o modelo Pro pode ser equipado com 1 TB de armazenamento, complementado por 12 GB de RAM.

Mas, sejamos honestos, o que está na mente de todos não é a potência do telemóvel, mas sim a câmara. Por isso, vamos falar de câmaras, as jóias da coroa de qualquer dispositivo Pixel. A configuração de câmara dupla do Pixel 8 é impressionante, especialmente com o seu sensor principal de 50 MP. O Pixel 8 Pro, no entanto, vai mais longe. Não só tem o mesmo sensor principal de 50 MP, como também introduz uma lente teleobjetiva de 48 MP, que proporciona um zoom ótico de 5x, e outra de 48 MP para fotografias ultra-amplas. Esta tripla ameaça garante que, quer esteja a captar paisagens distantes ou retratos em grande plano, terá a garantia de uma nitidez e detalhe impecáveis.

Em termos de bateria, o modelo Pro vem com uma célula mais robusta de 5050 mAh, em contraste com os 4575 mAh do Pixel 8. Uma diferença que garante um pouco mais de longevidade para aquelas sessões intensas de jogos ou de visionamento de séries. E se é alguém que controla a temperatura da sua pele ou precisa de suporte para Ultra Wideband (UWB), o Pixel 8 Pro pode ser mais adequado para si.

Essencialmente, embora o Pixel 8 e o Pixel 8 Pro partilhem a mesma linhagem, cada um deles destina-se a um público distinto. Quer esteja à procura de um condutor diário fiável com o Pixel 8 ou queira desfrutar de mais algumas maravilhas tecnológicas com o Pixel 8 Pro, a Google garante que há algo na sua lista para todos.

PIXEL 8 VS. SAMSUNG S23

Se está à procura de um telemóvel Android, provavelmente está a pensar em mais do que apenas o Pixel, porque quando se trata de Android, a série S da Samsung é a única a ser batida. Vamos ver como o modelo básico do Pixel compete com o modelo básico do Samsung S23.

O Pixel 8 tem dimensões de 150,5 x 70,8 x 8,9 mm e pesa uns robustos 187 gramas. A sua estrutura é um testemunho de elegância e durabilidade, ostentando um Gorilla Glass Victus à frente e atrás, envolto numa elegante moldura de alumínio. Este telemóvel não é apenas bonito; foi também concebido para resistir aos acidentes da vida com uma resistência IP68 contra a poeira e a água.

O Samsung S23, por outro lado, é um pouco mais pequeno, medindo 146,3 x 70,9 x 7,6 mm e pesando 168 gramas. A Samsung leva a durabilidade um passo mais além, empregando o Gorilla Glass Victus 2 e uma "estrutura de alumínio Armor" - sugerindo uma maior resistência a quedas e riscos. Também possui a certificação IP68, garantindo igual proeza contra os elementos da natureza.

Em termos visuais, o Pixel 8 apresenta um ecrã OLED de 6,2 polegadas com uma taxa de atualização de 120 Hz, atingindo níveis de brilho máximos de 2000 nits. Isto garante imagens suaves, quer seja a percorrer os seus blogues favoritos ou a ver os últimos êxitos de bilheteira. O Samsung S23, embora ligeiramente mais pequeno, com 6,1 polegadas, emprega a sua reconhecida tecnologia Dynamic AMOLED 2X, garantindo cores vibrantes e pretos profundos, com um pico de brilho de 1750 nits.

Sob o capô, o Pixel 8 é alimentado pelo chipset Tensor G3 do Google com uma configuração de CPU nona-core, garantindo que as tarefas sejam tratadas com facilidade e eficiência. O Samsung S23, para não ficar atrás, emprega o Snapdragon 8 Gen 2, conhecido pelo seu desempenho estelar, auxiliado por uma CPU octa-core. Ambos os telemóveis são claramente bestas, prontas para enfrentar qualquer aplicação ou jogo que lhes seja apresentado.

E quanto às câmaras? A linha Pixel da Google sempre foi sinónimo de excelência em termos de câmaras. O Pixel 8 possui um sistema de câmara dupla com um sensor principal de 50 MP, que é complementado por um ultrawide de 12 MP.

O S23 da Samsung oferece uma configuração de câmara tripla mais versátil. Para além de um sensor principal de 50 MP, inclui uma lente teleobjetiva de 10 MP para aquelas fotografias nítidas com zoom e uma lente ultra-larga de 12 MP. Com capacidades como a gravação de vídeo 8K e HDR10+, a S23 pretende ser o sonho de qualquer criador de conteúdos.

O Pixel 8 tem uma bateria de 4575 mAh, suportando carregamento com fios de 27W e sem fios de 18W. O S23, embora equipado com uma bateria ligeiramente mais pequena de 3900 mAh, oferece diversas velocidades de carregamento de 25 W com fios e 15 W sem fios.

O preço torna-se muitas vezes o fator de decisão para muitos. O Pixel 8 entra no mercado a 699 dólares, enquanto o Samsung S23 chega a 799 dólares.

Tanto o Pixel 8 como o Samsung S23 são obras-primas por direito próprio. O Pixel 8 da Google destina-se aos aficionados da câmara e aos que estão imersos no ecossistema Google, enquanto o Samsung S23, com as suas diversas funcionalidades e preços competitivos, pretende agradar a todos.

PIXEL 8 PRO VS SAMSUNG S23 ULTRA

Vejamos agora como é que os modelos Pro se comparam uns com os outros.

À primeira vista, os designs físicos de ambos os dispositivos lembram-se muito um do outro. Fabricados com a força do vidro Gorilla Glass Victus 2 na parte da frente e na parte de trás, levaram por diante o legado dos seus antecessores com designs impressionantes e robustos. Os tons Obsidian, Porcelain e Bay do Pixel 8 Pro ofereceram uma paleta sofisticada, enquanto a gama do S23 Ultra, desde Phantom Black até à BMW M Edition especialmente criada, deu aos compradores um espetro de escolhas, cada uma mais aliciante do que a anterior. A Samsung também introduziu uma estrutura de alumínio blindada, elevando a fasquia da resistência a quedas e riscos, e continuou a sua oferta de assinatura com a Stylus integrada, tornando-o uma escolha distinta para aqueles que encontram consolo em fazer anotações ou esboços.

No que diz respeito aos ecrãs, a competição foi feroz. O ecrã Dynamic AMOLED 2X de 6,8 polegadas do S23 Ultra, ligeiramente maior, com a sua densidade superior de 500 ppi, deu aos utilizadores uma tela ligeiramente mais expansiva em comparação com o OLED LTPO de 6,7 polegadas do Pixel 8 Pro. Ambos ofereciam taxas de atualização de 120 Hz, mas o Pixel brilhava mais com um pico de brilho de 2400 nits, superando os 1750 nits do S23 Ultra.

Internamente, ambos os telefones deram um soco. O Pixel 8 Pro, com seu chipset Google Tensor G3, introduziu uma configuração de CPU nona-core, a primeira para smartphones. A Samsung, para não ficar para trás, alojou o Snapdragon 8 Gen 2 com uma CPU octa-core. Enquanto a GPU exclusiva do Google, a Immortalis-G715s MC10, prometia gráficos superiores, a Adreno 740 da Samsung era uma potência conhecida, e seria necessário o uso no mundo real para determinar um vencedor claro.

E as câmaras? A audácia da Samsung ao introduzir uma lente principal de 200 MP na configuração de quatro câmaras do S23 Ultra deixou os obturadores a zumbir. O Pixel 8 Pro, embora mantendo um sensor principal de 50 MP em sua matriz de três câmeras, ostentava recursos como Pixel Shift e Ultra-HDR, enfatizando a qualidade em vez da quantidade. O S23 Ultra, no entanto, contrapôsse com versatilidade - oferecendo lentes telefoto com zoom ótico de 3x e 10x.

A bateria de 5050 mAh do Pixel superou ligeiramente a de 5000 mAh da Samsung, mas o S23 Ultra roubou a cena com o seu carregamento rápido de 45W com fios, prometendo carregar 65% da bateria em apenas 30 minutos. No domínio da conetividade, ambos os dispositivos se destacaram, com as mais recentes capacidades de Wi-Fi, Bluetooth e 5G.

Essencialmente, enquanto o Pixel 8 Pro se apresentou como um mestre do brilho e da luminosidade, o S23 Ultra apresentou-se como o pau para toda a obra, ostentando versatilidade a um preço competitivo. Escolher entre eles? Isso seria uma questão de preferências pessoais.

PIXEL 8 VS. IPHONE 15

Embora comparar o Pixel com o iPhone seja um pouco injusto porque são sistemas operativos completamente diferentes, é difícil resistir a colocá-los um contra o outro. Por isso, vamos ver como é que os dois modelos básicos competem entre si.

Ambos os telemóveis são fabricados com mestria. O Pixel 8, que pesa 187g, é encapsulado numa concha de Gorilla Glass Victus na frente e atrás com uma moldura de alumínio - uma mistura de elegância e resistência. O iPhone 15, ligeiramente mais leve, com 171 g, envolve os seus componentes internos num vidro fabricado pela Corning e é embalado por uma estrutura de alumínio.

Embora ambos os telemóveis partilhem a resistência à água e ao pó IP68, o iPhone promete ir mais longe, alegando suportar profundidades de até 6 m durante 30 minutos, o dobro dos 1,5 m do Pixel 8.

O ecrã OLED de 6,2 polegadas do Pixel 8 é vibrante e reativo com uma taxa de atualização de 120 Hz e atinge um pico brilhante de 2000 nits. Por outro lado, o ecrã OLED Super Retina XDR de 6,1 polegadas do iPhone 15 também atinge um pico de 2000 nits, mas apresenta uma densidade de píxeis ligeiramente superior, prometendo imagens nítidas.

O Pixel 8 aproveita o poder do chipset Tensor G3 do Google, uma besta sem núcleo que promete lidar com multitarefa com facilidade, complementada pela GPU Immortalis-G715s MC10. Entretanto, o iPhone 15 é alimentado pelo chipset A16 Bionic da Apple, uma potência hexa-core que, quando combinada com a sua GPU de 5 núcleos, produz benchmarks de topo como uma pontuação de 1354651 no AnTuTu.

O Pixel 8 da Google oferece uma configuração de câmara dupla, encabeçada por um sensor largo de 50 MP e acompanhada por uma lente ultra-larga de 12 MP. O seu PDAF multidirecional e o AF a laser visam captar momentos com uma nitidez cristalina. Em contrapartida, o sensor principal de 48 MP do iPhone 15 é ligeiramente inferior em termos de número de píxeis, mas oferece OIS com mudança de sensor, garantindo fotografias estáveis. A sua lente ultra-larga corresponde aos 12 MP do Pixel.

O Pixel 8 tem uma bateria de 4575 mAh com carregamento com fios de 27 W e capacidades sem fios de 18 W. A bateria de 3349 mAh do iPhone 15 pode parecer modesta em comparação, mas a eficiência da Apple tem compensado historicamente as suas deficiências numéricas. Ambos os telemóveis prometem recarregar até 50% em 30 minutos, embora o Pixel ofereça uma potência de carregamento sem fios superior.

O Pixel 8 e o iPhone 15, ambos exemplares por direito próprio, representam o melhor do que a Google e a Apple têm para oferecer. Enquanto o Pixel 8 se inclina para oferecer potência e valor, o iPhone 15 seduz com o seu ecossistema refinado e uma linhagem de confiança. No fim de contas, não se trata de saber qual é o melhor telemóvel, mas sim qual se adequa melhor às necessidades e preferências do utilizador.

PIXEL 8 PRO VS IPHONE 15 PRO

Por fim, vamos ver como se comparam os dois modelos Pro.

O Pixel 8 Pro tem uma forma ligeiramente maior, medindo 162,6 x 76,5 x 8,8 mm e pesando 213g. Brilha com um vidro Gorilla Glass Victus 2 à frente e atrás, embalado por uma moldura de alumínio. Em contrapartida, o iPhone 15 Pro, um dispositivo mais compacto com 146,6 x 70,6 x 8,3 mm e 187 g, exala luxo com uma frente e um verso em vidro fabricado pela Corning e uma estrutura em titânio mais resistente. Para aqueles que desejam uma estética mais leve e refinada, o iPhone pode ter uma vantagem, mas para aqueles que preferem uma sensação mais substancial, o Pixel 8 Pro pode ser a escolha certa.

Ambos os telemóveis utilizam a tecnologia OLED LTPO, garantindo imagens vibrantes com taxas de atualização dinâmicas. O Pixel 8 Pro oferece um ecrã maior de 6,7 polegadas, com uma resolução de 1344 x 2992 píxeis e um pico de brilho de uns espantosos 2400 nits. O iPhone 15 Pro, com o seu ecrã de 6,1 polegadas, apresenta uma resolução de 1179 x 2556 pixels e um pico de brilho de 2000 nits. O ecrã ligeiramente maior e o brilho superior do Pixel podem convencer os entusiastas dos media, mas a proteção Ceramic Shield da Apple pode agradar aos mais propensos a acidentes.

Sob o capô, o Pixel 8 Pro é alimentado pelo chipset Tensor G3 do Google, com uma configuração de CPU nona-core, prometendo recursos robustos de multitarefa. Por outro lado, o iPhone 15 Pro abriga o chipset A17 Pro da Apple, com uma CPU hexa-core. Embora ambos os telefones prometam um desempenho perfeito, a arquitetura nona-core do Pixel pode oferecer uma vantagem na multitarefa.

O Pixel 8 Pro vem com uma infinidade de opções, todas equipadas com incríveis 12 GB de RAM, enquanto o iPhone 15 Pro atinge o máximo de 8 GB de RAM. Para os utilizadores que precisam de muito armazenamento, ambos os telefones oferecem opções de até 1 TB. Mas para multitarefas e utilizadores avançados, a RAM adicional no Pixel pode mudar o jogo.

Os entusiastas da fotografia terão dificuldade em escolher. O sensor principal do Pixel 8 Pro capta a 50 MP, enquanto o iPhone se fica pelos 48 MP. No entanto, a Apple adiciona um scanner TOF 3D LiDAR, melhorando a perceção de profundidade em fotografias e experiências de RA. O Pixel contra-ataca com as suas capacidades Pixel Shift e Ultra-HDR. As capacidades de gravação de vídeo em ambos os dispositivos são excecionais, com a Apple a introduzir um modo cinematográfico único. O Pixel sobressai em relação ao iPhone, à Samsung e a qualquer outro telemóvel, graças à IA que está na base da fotografia.

A duração da bateria é fundamental, e o Pixel 8 Pro tem uma bateria considerável de 5050 mAh, superando os 3274 mAh do iPhone. No entanto, a Apple promete uma classificação de resistência louvável de 86 horas. As tecnologias de carregamento são comparáveis, com ambos a oferecerem capacidades de carregamento rápido, embora o Pixel se destaque com um carregamento com fios ligeiramente mais rápido.

Escolher entre o Pixel 8 Pro e o iPhone 15 Pro é o mesmo que selecionar entre duas obras-primas. Cada dispositivo oferece recursos exclusivos, e a escolha se resume à preferência pessoal, fidelidade à marca e necessidades específicas. Uma coisa é certa: seja qual for a sua escolha, estará a usar alguma da melhor tecnologia que 2023 tem para oferecer.

NOVO NO ANDROID 14

Uma das melhores coisas do Android é que não é preciso comprar um telemóvel novo todos os anos para ter um software novo todos os anos; as principais actualizações do sistema operativo ocorrem anualmente e, muitas vezes, dão a sensação de ter comprado um telemóvel novo com todas as novas funcionalidades.

Infelizmente, as actualizações só ocorrem em dispositivos compatíveis. Isto significa que os telemóveis mais antigos podem não ser suportados.

Então, que dispositivos vão receber este mimo? Se você estiver usando um telefone Google Pixel, terá um Natal antecipado - os pixels sempre recebem atualizações antes de outros dispositivos Android. Aqui está uma lista rápida de modelos Pixel com Android 14, do mais recente ao mais antigo:

- Google Pixel 8 e 8 Pro
- Pixel Fold (sim, um telemóvel dobrável!)
- Tablet Pixel (não apenas telemóveis, pessoal!)
- Pixel 7a, 7 e 7 Pro
- Pixel 6a, 6 e 6 Pro
- Pixel 5a 5G, Pixel 5
- Pixel 4a 5G

Nota! Se tem um Pixel 4a: O Android 14 é a última grande atualização do seu telemóvel.

CARACTERÍSTICAS ISTO!

O Android 14 é uma atualização enorme. São tantas as actualizações, que teria de escrever um livro inteiro para as cobrir. Como muitas delas são pequenas e não são utilizadas por utilizadores principiantes, não o farei. Em vez disso, irei abordar as actualizações que provavelmente irá utilizar e apreciar regularmente. Ao longo do livro, abordarei algumas delas com mais pormenor.

- Ecrã de bloqueio reimaginado: Com o Android 14, pode dar um toque especial ao seu ecrã de bloqueio. Troque o relógio, adicione actualizações da meteorologia ou até mesmo altere as coisas para obter um novo visual. Além disso, pode escolher acções rápidas na parte inferior.
- Partilha facilitada: A partilha de links, fotografias ou memes é agora mais simples. As aplicações podem adicionar os seus próprios botões especiais ao menu de partilha. Assim, se estiver no Chrome, poderá ver opções para enviar um link para outros dispositivos ou criar um código QR.

- ☐ Melhore o seu PIN: Quando introduzir o seu PIN, verá animações. Mas não se trata apenas de aparência. Se utilizar um PIN de seis dígitos ou mais, o Android 14 permite que o seu telemóvel Pixel seja desbloqueado no momento em que introduzir o PIN correto. Não é necessário aquele botão "enter" extra!

- ☐ Arrastar, largar e trocar aplicações: Alguma vez desejou poder arrastar um texto ou uma imagem de uma aplicação para outra sem complicações? O Android 14 torna-o possível. Imagine isto: Está a segurar um meme divertido numa aplicação e a largá-lo sem problemas na sua aplicação de chat. É fácil, não é?

- ☐ Melhor duração da bateria em modo de espera? O Android 14 tem tudo a ver com dar ao seu telemóvel um descanso mais longo. Algumas aplicações sorrateiras costumavam consumir a sua bateria mesmo quando não as estava a utilizar. A Google está a pôr um fim a isso. Há também um tratamento mais inteligente das notificações e dos alarmes, o que significa que o seu telemóvel não terá de acordar tantas vezes só para passar uma mensagem.

- ☐ Tempo de ecrã: Costumava ter de fazer uma caça ao tesouro para saber quanto utilizava o telemóvel. O Android 14 está a fazer disso uma grande coisa, colocando-o mesmo no topo das estatísticas da bateria. Uma excelente forma de ver quanto tempo esteve colado ao ecrã!

- Os papéis de parede ficam mais inteligentes: a IA está em todo o lado... incluindo no papel de parede. Diz ao seu telemóvel o que lhe apetece, talvez um pôr do sol com flamingos, e voilá!

[2]

CONFIGURAÇÃO

CONFIGURAÇÃO

A configuração é bastante intuitiva, mas ainda há ecrãs que o podem confundir um pouco. Se é um principiante e gosta de experimentar, passe para a secção seguinte sobre os principais elementos da interface do utilizador do Android. Se quiser uma explicação mais pormenorizada, continue a ler!

A Google sabe que quer começar a utilizar o seu telefone, pelo que tornou o processo bastante rápido; a maioria das pessoas gasta cerca de 5 ou 10 minutos.

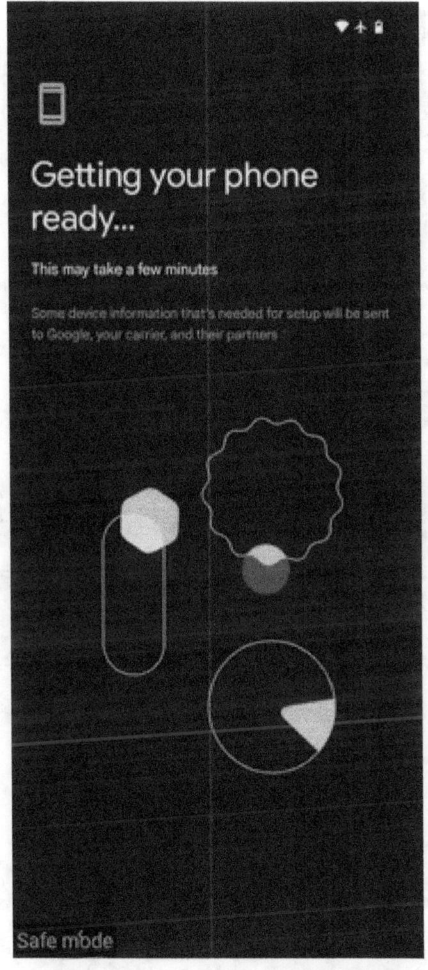

Tem duas opções no ecrã seguinte: ligar ao wi-fi para poder iniciar uma configuração "sem SIM" ou inserir o seu cartão SIM.

Se adicionar um cartão SIM, pode saltar todos os passos seguintes. Se estiver a fazer a configuração sem SIM, toque em "Iniciar configuração sem SIM". O ecrã seguinte explica o que é o SIM-free; o

SIM-free é exatamente o que parece, mas não é suportado por todas as operadoras. Se a sua operadora o suportar, recomendo que o faça, pois tudo será armazenado online em vez de num cartão que pode ser facilmente riscado e danificado. Toque no botão azul "Seguinte" para começar.

O ecrã seguinte pede-lhe que seleccione a sua rede wi-fi. Segue-se um ecrã de atualização. Deve demorar cerca de um minuto a obter a atualização mais recente. Quando estiver concluída, aparece o ecrã "Copiar aplicações e dados".

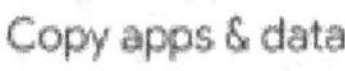

Copiar aplicações e dados é bastante útil. Permite-lhe copiar tudo do seu telemóvel antigo para que não tenha de fazer tanto no novo - funciona com o iPhone (através de um adaptador especial) e com o Android. Não é perfeito - especialmente com o iPhone - mas poupa-lhe tempo. Se vier de um telemóvel Android da geração anterior, também pode fazer isto sem um cabo, utilizando o seu início de sessão. Se pretender ignorá-lo e começar do zero, seleccione "Não copiar" no canto inferior esquerdo.

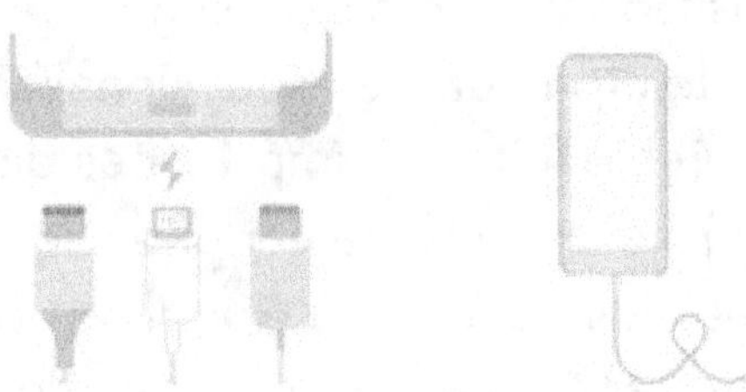

Em seguida, inicie sessão na sua Conta Google (a que utiliza normalmente para verificar o correio eletrónico - a menos que não utilize o Gmail). Se não tiver uma Conta Google, clique na opção para a criar.

Depois de clicar em "Seguinte" e "Iniciar sessão", aparece uma série de informações legais. Basicamente, está a dizer que a Google não é responsável por nada. Concorda com isso ou acabaste de comprar um tijolo muito caro. Verá muitos destes ecrãs jurídicos, por isso, ou coloca os óculos de leitura e se prepara para uma noite muito longa, ou aceita-os.

Os Serviços Google são o ecrã seguinte. Isto permite que o telefone utilize as funcionalidades do telefone (como o leitor de impressões digitais, os serviços de localização para ver onde se encontra, enviar relatórios de falhas à Google e aos programadores e fazer cópias de segurança do telefone para o Google Drive). Recomendo que seleccione todas elas. Se estiver preocupado com a privacidade, mostrar-lhe-ei alguns ajustes que pode fazer mais tarde. Também devo referir que, se as desativar aqui, pode voltar a activá-las mais tarde.

Segue-se mais um lembrete de que não se pode culpar a Google por nada. Eles querem mesmo que percebas isto. Assim, se o telemóvel explodir na sua mão, a culpa é obviamente sua!

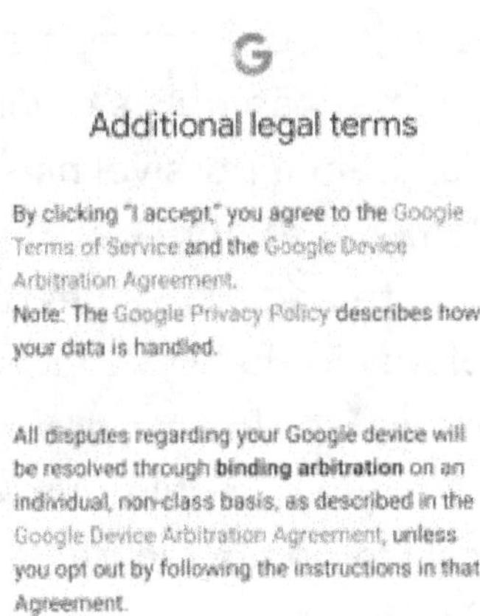

Em seguida, é altura de começar a configurar o telemóvel. O que é que era aquela coisa toda? Era a sua conta. Primeiro: o bloqueio do ecrã. Isto serve basicamente para que, se alguém roubar ou encontrar o seu telemóvel, não o possa abrir a menos que saiba a sua palavra-passe.

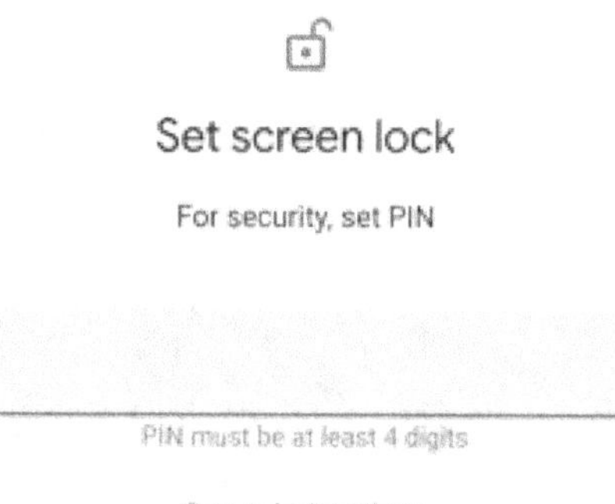

Se tocar em "Opções de bloqueio do ecrã", verá ainda mais opções. O desbloqueio pode ser um padrão (por exemplo, um movimento com a forma de um sete), pode ser uma palavra ou pode ser um número (mas não utilize o número PIN do seu banco!). Também é possível não adicionar um pin e ter o telemóvel sempre desbloqueado.

O ecrã seguinte pedir-lhe-á um pin. Se tocar em "Opções de bloqueio do ecrã", também pode adicionar um padrão. É tudo uma preferência. O meu único conselho é que não utilize um pin que já utiliza noutro local (como um pin bancário) ou um pin fácil (como 1234).

Depois de premir "Seguinte", volte a introduzir o pin para o confirmar.

Terá também a opção de adicionar uma impressão digital para desbloquear o telemóvel. Ao contrário de muitos telemóveis, o sensor de impressões digitais dos Pixels encontra-se no próprio ecrã. Muito fixe, não é? Mas aqui fica um conselho. Se for como eu, é provável que coloque um protetor de ecrã por cima, para ter mais proteção em caso de queda. Isso vai ser problemático para o seu sensor até que o actualize - por isso, se achar que não está a funcionar, actualize o software Android (mostrar-lhe-ei como mais tarde) e veja se isso resolve o problema.

Adicionar uma impressão digital é bastante simples. O telemóvel indica-lhe exatamente onde deve colocar o seu dedo. Basta tocar com o dedo no ecrã onde é indicado. E já está! Pode adicionar um dedo ou vários. Também pode adicionar os dedos de outras pessoas - por isso, se tiver alguém a quem tenha dado autorização para utilizar o telemóvel, pode adicioná-lo também.

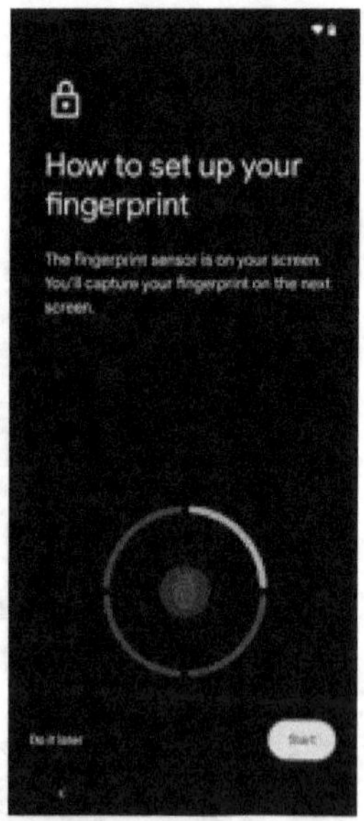

Basta tocar em Adicionar outro no final da configuração se pretender adicionar mais.

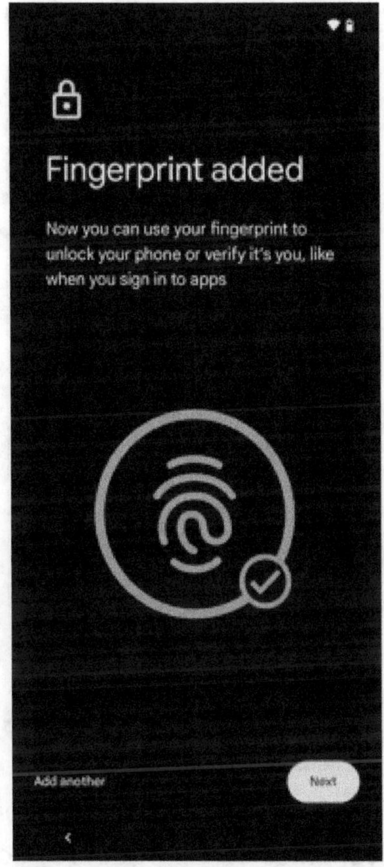

O Pixel também pode desbloquear o telemóvel com o seu rosto, pelo que terá a opção de o configurar também.

A configuração do Assistente do Google é a próxima. O Assistente do Google é o equivalente da Siri no Google. Pode tocar em "Deixar e receber lembrete", mas é muito rápido, por isso é melhor tirar isto do caminho.

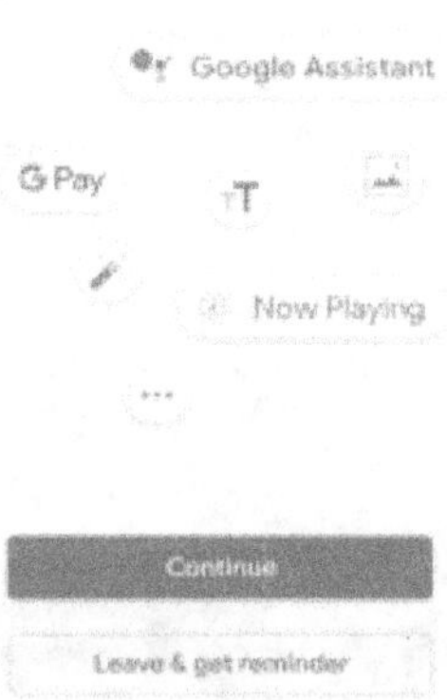

Depois de concordar com os termos, está pronto para começar. Ser-lhe-ão feitas algumas perguntas (a menos que tenha um Google Home e a Google já conheça a sua voz).

Está quase a terminar! O ecrã "Mais alguma coisa?" é a sua última oportunidade de adicionar definições antes de terminar a configuração - e lembre-se: pode alterar tudo isto mais tarde. Por isso, se não o quiser fazer agora, pode sempre fazê-lo mais tarde. A única coisa que gostaria de salientar é "Adicionar outra conta de e-mail"; se estiver a utilizar este telemóvel no trabalho, é uma boa ideia adicionar aqui o seu e-mail de trabalho.

O último ecrã pergunta se pretende receber e-mails de dicas da Google sobre como utilizar o seu telefone. Quando está a começar, estes e-mails são úteis. Não aparecem com muita frequência. Se pretender ativar esta opção, basta ligar o botão "inscrever-se" (ficará azul - ou azul se já estiver selecionado).

Após alguns segundos, aparece um ecrã que diz "Ir para casa". Parece que o telemóvel lhe está a dizer que não passou na configuração e que agora tem de ir para casa de mãos vazias.

Não se preocupe! Está apenas a dizer-lhe para ir para o ecrã inicial porque finalmente acabou. Estes últimos ecrãs são pequenos tutoriais que lhe darão algumas dicas sobre o funcionamento do telefone.

Após algumas dicas, verá o ecrã "All set!", que é o ecrã final. Está finalmente pronto!

Deslize para cima e verá o seu ecrã inicial. Está finalmente pronto para utilizar o seu telemóvel!

COMO SE ORIENTAR

As pessoas chegam ao Pixel a partir de todo o tipo de lugares: iPhone, outro telemóvel Android, telemóvel flip, dois copos de esferovite atados com um fio. A próxima secção é um curso intensivo sobre a interface. Se já utilizou o Android antes, pode parecer um pouco simples, por isso passe à frente se já sabe tudo isto.

Se tudo isto parece um pouco apressado, há uma boa razão: é mesmo! Iremos abordar estes pontos com mais pormenor mais tarde. Isto é apenas uma referência rápida.

Na parte inferior do ecrã encontra-se a barra de atalhos - vai passar muito tempo aqui; pode adicionar o que quiser a esta área, mas estas são as aplicações que a Google pensa que vai utilizar mais - e, à exceção da Play Storeé provável que tenham razão. Dependendo das definições que escolheu e do telemóvel que tem, pode ou não ter um aspeto diferente. Poderá mostrar quatro aplicações seguidas em vez de seis, por exemplo.

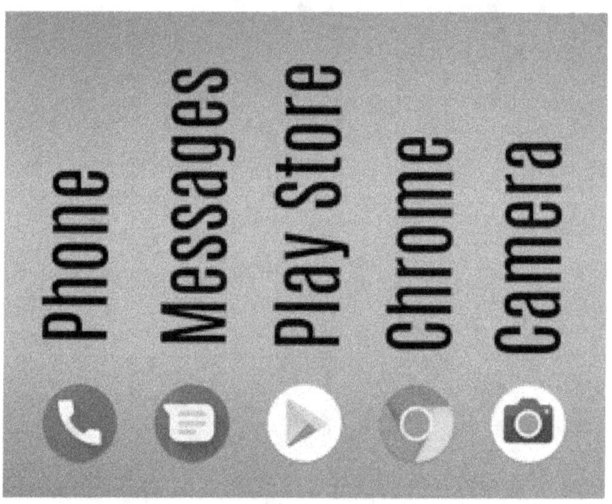

Então, o que é que são? Muito rapidamente, são as seguintes:

☐ **Telefone**: Queres tentar adivinhar o que faz o botão do telefone? Se respondeu que lhe traz um gelado, talvez não tenha sido feito para um telefone. Mas se respondeu algo como "Abre uma aplicação para ligar a pessoas", então não terá qualquer problema com o seu novo aparelho. Surpresa, surpresa: este gadget caro que joga jogos, tira fotografias e o mantém atualizado sobre as divagações políticas nas redes sociais faz mais uma coisa interessante: liga às pessoas!

- **Mensagem**: Message pode ser um pouco mais aberto do que "Phone" (Telefone); pode significar mensagens de e-mail, mensagens de texto, mensagens que continua a receber no espelho da casa de banho para baixar a tampa da sanita. Neste caso, significa "mensagens de texto" (mas, a sério, baixe a tampa da sanita... não está a fazer nenhum favor a ninguém). Esta é a aplicação que vais utilizar sempre que quiseres enviar mensagens com fotografias giras de gatos.

- **Loja de jogos**: Qualquer coisa com a palavra "Play" no título deve ser divertida, certo? Esta aplicação é a que utilizarás para transferir todas as aplicações divertidas de que ouves sempre falar.

- **Cromo**: Sempre que quiser navegar na Internetutiliza o Chrome. Na verdade, existem várias aplicações que fazem o mesmo, como o Firefox e o Opera, mas recomendo o Chrome até se sentir confortável com o seu telemóvel. Pessoalmente, penso que é a melhor aplicação para pesquisar na Internet, mas depressa aprenderá que a maior parte das coisas no telemóvel são uma questão de preferência e poderá encontrar outro navegador de Internet que se adapte melhor às suas necessidades.

- ☐ **Câmara:** Esta aplicação abre imagens de máquinas fotográficas antigas... a brincar! É assim que se tiram fotografias no telemóvel. Também podes utilizar esta mesma aplicação para vídeos.

A seguir à barra de atalhos, a área que mais utilizará é a barra de notificações. É aqui que recebe, adivinhou, notificações! O que é uma notificação? É qualquer tipo de aviso que tenha optado por receber. Alguns exemplos: alertas de mensagens de texto, alertas de e-mail, alertas de âmbar e aplicações que têm actualizações.

Quando arrasta o dedo para baixo a partir da barra de notificações, obtém uma lista de várias definições que pode ajustar. Prima sem soltar qualquer uma destas opções e abrirá uma aplicação com ainda mais opções.

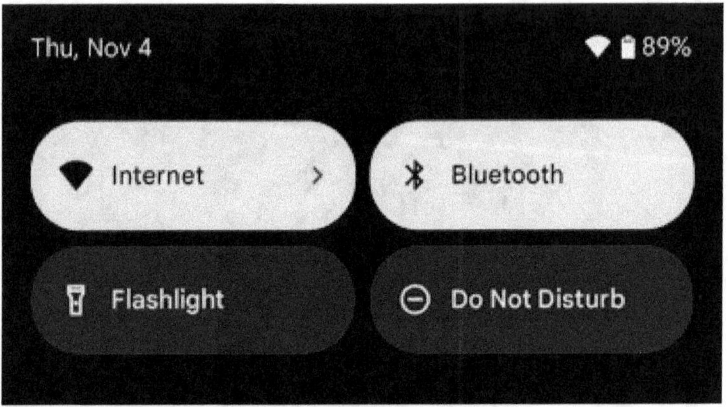

Da direita para a esquerda, estas são as opções que pode alterar ou utilizar:

- ☐ Wi-fi
- ☐ Bluetooth
- ☐ Não incomodar
- ☐ Lanterna

Se continuar a arrastar para baixo, este menu fino expande-se e existem mais algumas opções.

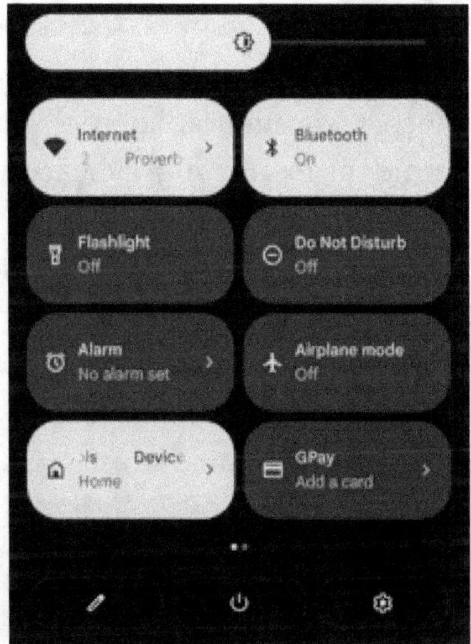

A primeira encontra-se na parte superior do ecrã - é a barra deslizante, que torna o dispositivo mais claro ou mais escuro, dependendo da direção para onde a arrasta.

Pode deslizar o dedo para ver mais opções:

☐ Auto-Rotate (Rotação automática) - Bloqueia (desbloqueia) a rotação do dispositivo

☐ Poupança de bateria - Coloca o dispositivo num modo de baixo consumo de energia para prolongar a vida útil da bateria, mas sem um poder de processamento tão elevado.

☐ Transmissão de ecrã - Transmite o ecrã para outro dispositivo, como um Google TV.

- ☐ Gravação de ecrã - A gravação de ecrã costumava ser algo para o qual era necessária uma aplicação especial; o Android 11 trouxe a gravação nativa. Assim, pode gravar o que está a fazer no seu ecrã e partilhá-lo com outra pessoa. É ótimo para vídeos tutoriais. Também é possível utilizar o microfone do telemóvel para narrar com a sua voz.
- ☐ Ação nas proximidades
- ☐ Desativar câmara / microfone - Desligue rapidamente a câmara ou o microfone.

Perto do fundo, à esquerda, existe um pequeno botão de edição com um lápis. Isto permite-lhe reorganizar as opções que são mostradas onde.

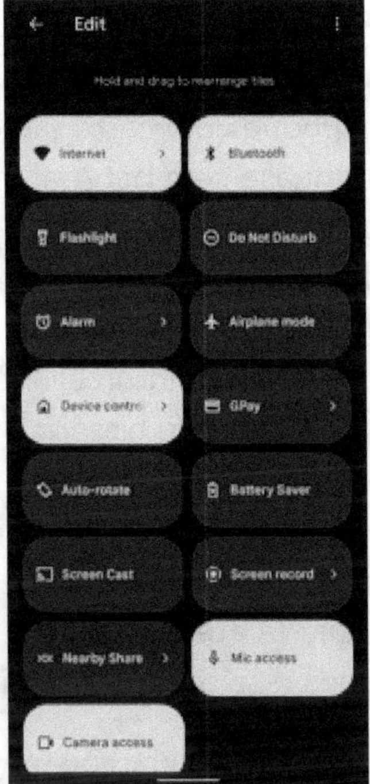

Desloque-se um pouco mais e verá ainda mais definições rápidas que pode adicionar à barra de notificações. Entre elas:

- **Dados** - Tocar nesta opção liga e desliga os dados, o que é útil se estiver a ficar com poucos dados e não quiser ser cobrado por isso.
- **Luz nocturna** - Este é um modo especial que escurece o ecrã e o torna adequado para leitura em ambientes escuros.
- **Bateria partilhar** - ao premir esta tecla, pode utilizar o seu dispositivo como um

carregador sem fios. O que é que isso significa? Digamos que o seu amigo tem um iPhone com carregamento sem fios e está quase sem bateria. Pode premir esta tecla e, em seguida, encostar o telemóvel dele ao seu e partilhar a bateria sem fios com ele.

Outra coisa bastante interessante nesta área de notificações: pode ver um histórico de notificações.

Se recebe muitas notificações, é provável que tenha rejeitado acidentalmente algo que não pretendia. Agora pode ver o que era.

Para a utilizar, vá até à parte inferior de todas as suas notificações e seleccione "Gerir".

A partir daqui, seleccione "Utilizar histórico de notificações" para ativar.

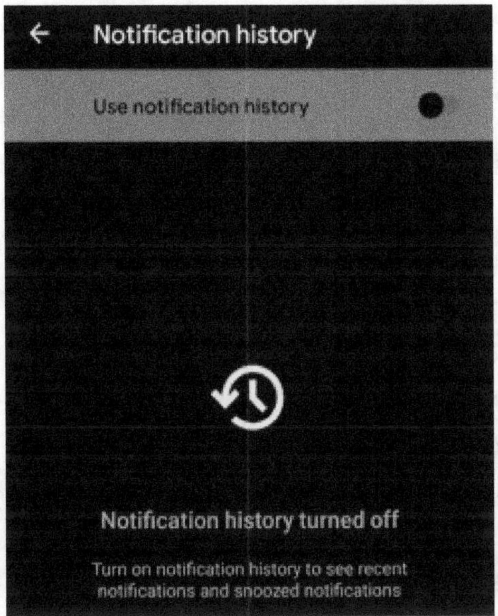

Agora, quando se volta a essa mesma área, "Gerir" é substituído por "Histórico".

SENTE-SE SEM CASA?

Pode ter reparado que falta algo importante no seu telemóvel: um botão Início. Nos telemóveis mais antigos, este era um botão essencial que o levava para o ecrã inicial sempre que o premia.

Como é que se vai para casa sem um botão Home? É fácil. Estás pronto? Desliza para cima. É isso mesmo!

Se já utilizou algum dispositivo Apple, então deve saber uma ou duas coisas sobre a Siri. É a assistente que "às vezes" funciona; a Google tem a sua própria versão da Siri e chama-se Google Assistant. Os nomes não são tão criativos como os da Siri, mas muitos dizem que funciona melhor. Deixo que sejas tu a julgar isso.

Para aceder ao Assistente do Google a partir de qualquer lugar, basta dizer "Ok, Google". Se estiver no ecrã inicial, existe também um widget do Assistente do Google. Esta pequena barra faz mais do que marcar compromissos e obter as suas informações - é também uma pesquisa global. O que é que isso significa? Significa que pode escrever qualquer coisa que queira saber e ele pesquisará na Internet e no seu telemóvel. Se se tratar de um contacto no seu telemóvel, ele irá obtê-lo. Mas se for o horário de funcionamento do Museu do Estranho, a pesquisa será feita na Internet e também lhe dará um mapa da localização e o número de telefone.

DESLOCAR-SE NO SEU TELEMÓVEL PIXEL

Quando se trata de utilizar o Pixel, aprender a utilizar os gestos é o método mais rápido e eficaz. Pode alterar algumas das opções de gestos acedendo à aplicação Definições e, em seguida, Sistema > Gestos > Navegação do sistema.

O gesto mais importante é como voltar ao ecrã inicial - afinal, não existem botões. Este é o mais fácil de lembrar: deslize para cima a partir da parte inferior do ecrã.

Quando se encontra numa página da Internet pode deslizar a partir da margem esquerda ou direita do ecrã para retroceder ou avançar.

Para selecionar texto, toque sem soltar sobre o texto e, em seguida, levante o dedo quando este responder.

MULTITAREFA

Estes são os gestos fáceis de memorizar; no entanto, se quiser deslocar-se rapidamente, precisa de conhecer os dois grandes gestos multitarefa, que o ajudam a alternar entre aplicações.

A primeira é ver as aplicações abertas. Para tal, deslize o dedo para cima como se estivesse a ir para o ecrã inicial, mas continue até meio do ecrã e depois pare e levante o dedo - não faça um gesto rápido de deslizar para cima como faria ao ir para a página inicial. Isto irá mostrar-lhe pré-visualizações de todas as suas aplicações abertas, e pode deslizar entre elas. Toque na que pretende abrir.

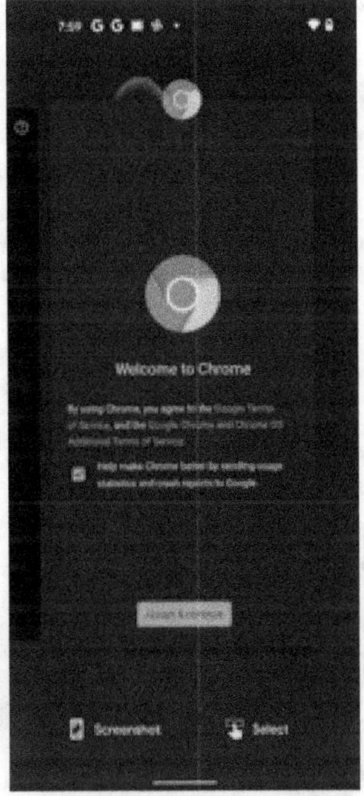

No entanto, a forma mais rápida de alternar entre duas ou três aplicações é deslizar da esquerda para a direita ao longo da margem inferior do ecrã. Desta forma, desliza entre aplicações pela ordem em que as utilizou.

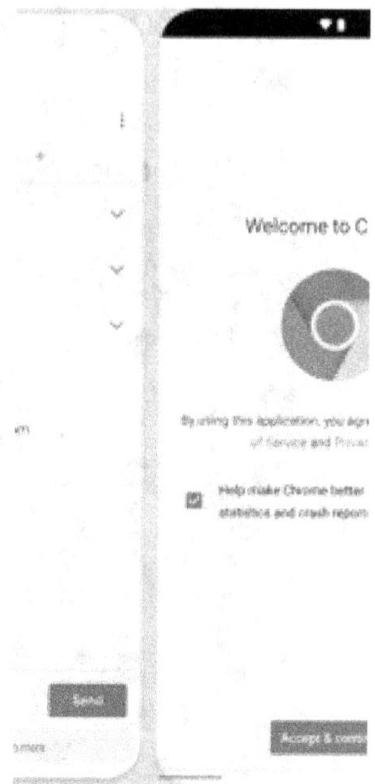

ZOOM

Precisa de ver o texto maior? Existem duas formas de o fazer. Nota: isto funciona em muitas aplicações, mas não em todas.

A primeira forma é beliscar para fazer zoom.

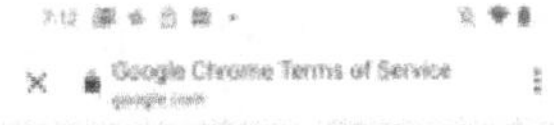

A segunda forma é tocar duas vezes no texto.

RODAR

Já deve ter reparado que, se rodar o seu telemóvel, ele roda o ecrã. E se não quiser rodar o ecrã inteiro? Pode desativar essa função muito facilmente. Deslize para baixo e, em seguida, toque no botão "setas" para ativar ou desativar essa função.

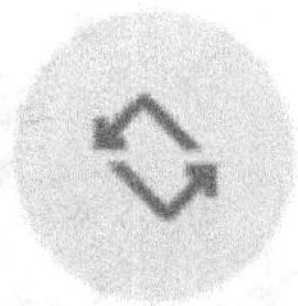

[3]

A VISÃO GERAL RIDICULAMENTE SIMPLES DE TUDO O QUE DEVE SABER

Este capítulo abordará:
- ☐ Personalizar ecrãs
- ☐ Ecrãs divididos
- ☐ Gestos

CRIAR ECRÃS BONITOS

Se já utilizou um iPhone ou iPad, pode reparar que o ecrã parece um pouco... vazio. Não tem literalmente nada no ecrã. Talvez goste disso. Se sim, ainda bem para si! Avança. Se quiser decorar o ecrã com atalhos e widgets, continue a ler. Uma vez que o Android tornou as coisas mais sobre si do que nunca, prepare-se para ter mais controlo do que nunca!

ADICIONAR ATALHOS

Para colocar qualquer aplicação neste ecrã, basta encontrá-la e, em seguida, premir e manter premida; quando surgir um menu, arraste-a para cima até aparecer o ecrã e mova-a para o local pretendido. Também pode arrastá-la para novos ecrãs.

Para remover uma aplicação de um ecrã, toque sem soltar e, em seguida, arraste-a para cima até ao texto "Remover" que aparece quando a move para cima. Quando estiver lá, solte-a.

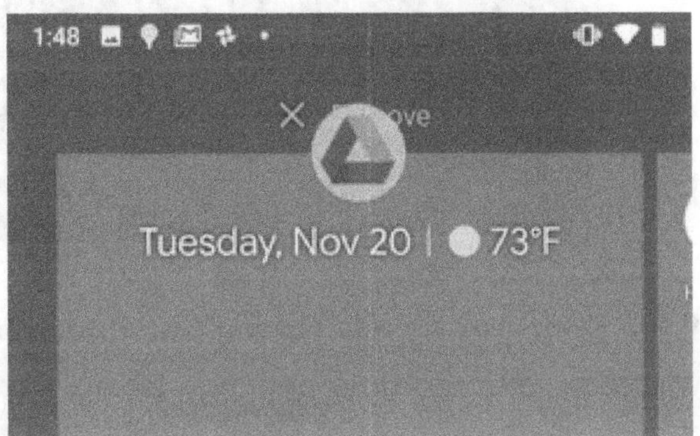

WIDGETS

Os atalhos são bons, mas os widgets são melhores. Os widgets são uma espécie de mini-programas que correm no seu ecrã. Um widget comum que as pessoas colocam no ecrã é a previsão do tempo. Ao longo do dia, o widget é atualizado automaticamente com informações actualizadas.

Para adicionar um widget, vá para o ecrã onde o pretende adicionar e toque sem soltar até aparecer o menu.

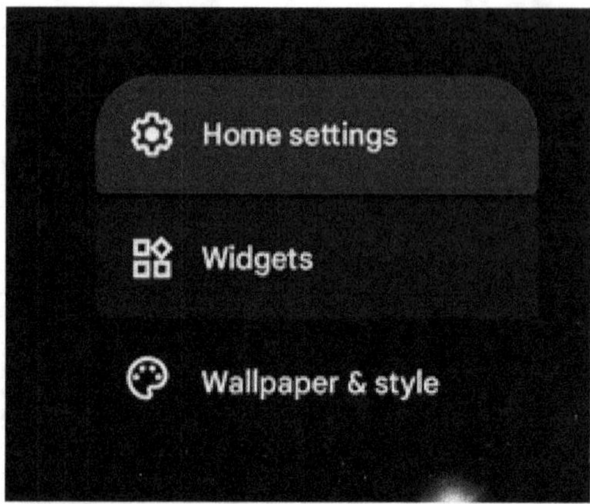

Seleccione "Widgets." Isto abre uma biblioteca de widgets - é como uma mini loja de aplicações.

Quando encontrar um que pretenda adicionar, toque sem soltar no mesmo e arraste-o para o ecrã onde o pretende adicionar.

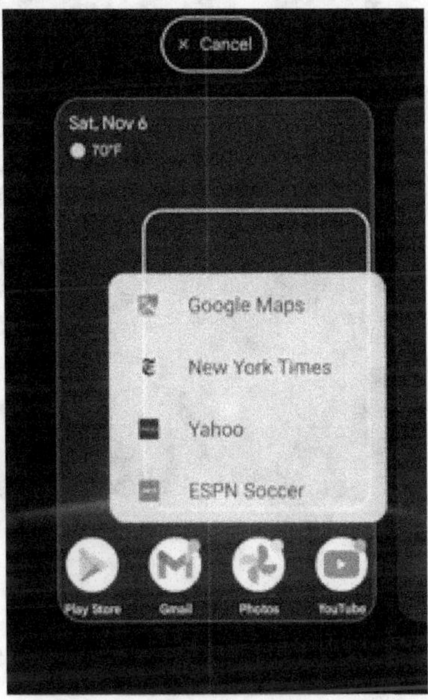

Widgets existem em todo o tipo de formas e tamanhos, mas a maior parte deles pode ser redimensionada. Para redimensionar o widget, toque sem soltar. Se vir pequenos círculos, pode tocar neles e arrastá-los para dentro ou para fora para os tornar maiores ou mais pequenos.

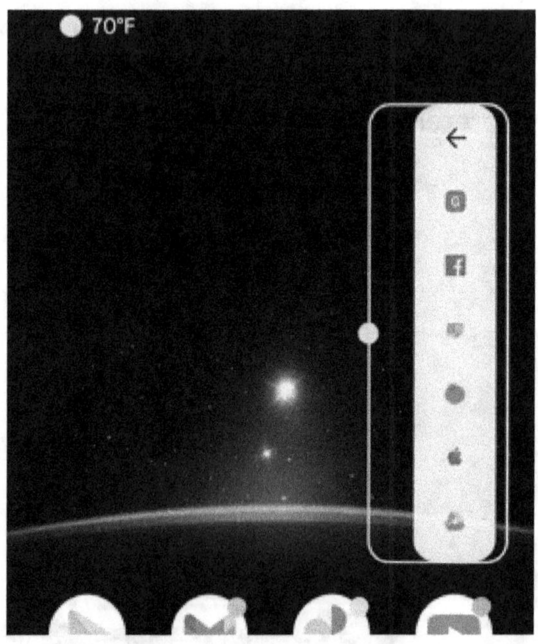

Pode remover widgets da mesma forma que remove atalhos. Toque sem soltar e, em seguida, arraste-o para cima para o remover.

PAPEL DE PAREDE

A adição de papel de parede ao seu ecrã é feita de forma semelhante. Toque sem soltar o dedo no ecrã inicial e, quando o menu for apresentado, seleccione "Papel de parede" em vez de "Widgets." Algumas das opções até se movem, pelo que o papel de parede tem sempre algo a mover-se no ecrã - é como um filme em movimento lento.

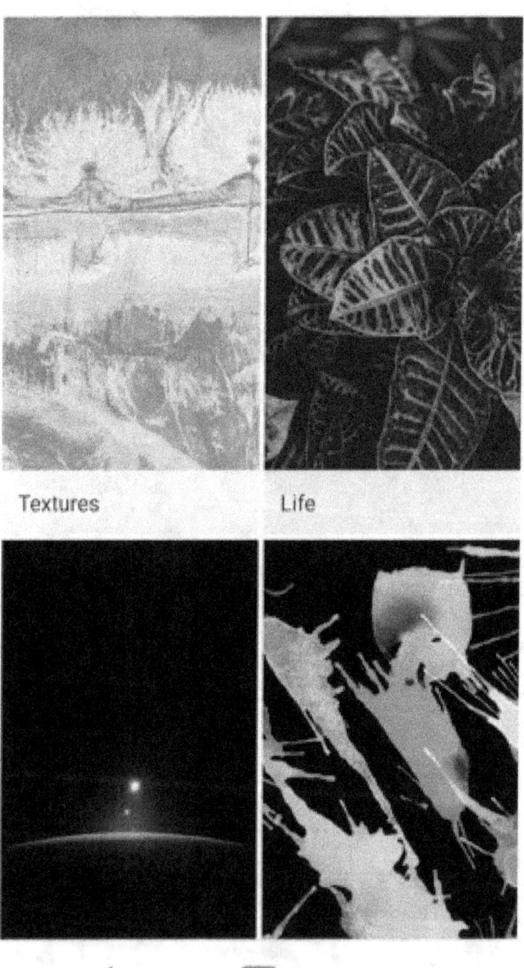

Quando tiver um papel de parede aberto que pretenda adicionar, basta premir "Definir papel de parede" no canto superior direito.

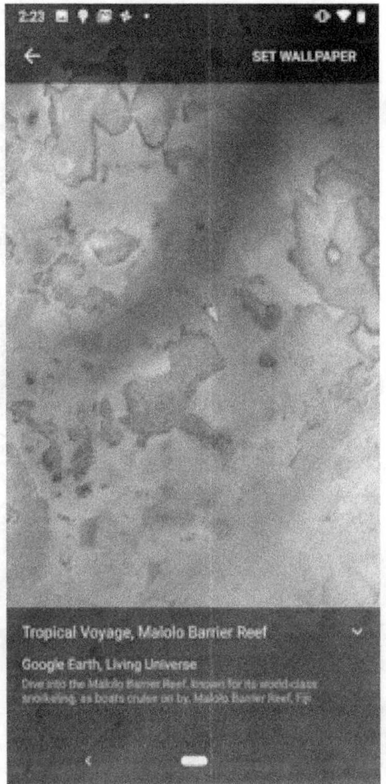

Também pode alterar o estilo do seu telemóvel - por exemplo, as cores.

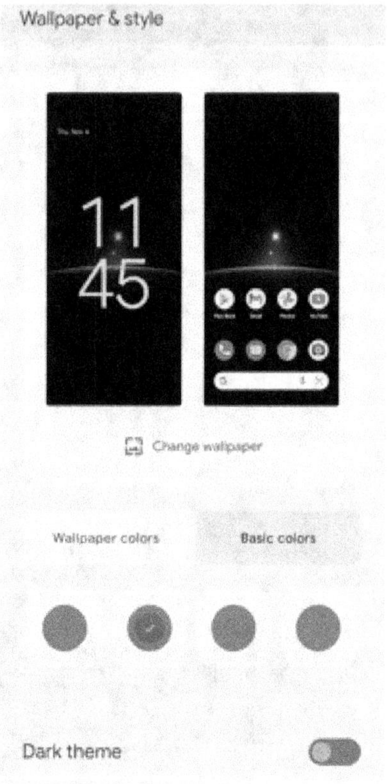

UMA PALAVRA, OU DUAS, SOBRE MENUS

É bastante intuitivo que, se tocar num ícone, a aplicação é aberta. O que não é tão óbvio é que, se tocar sem soltar, existem outras opções. Cada aplicação é diferente. Normalmente, são atalhos - tocar sem soltar no ícone Telefone, por exemplo, abre as suas aplicações favoritas; fazer o mesmo sobre a câmara abre um atalho para o modo selfie. Toque sem soltar nas suas aplicações favoritas para ver quais os atalhos disponíveis.

ECRÃS DE CUSPO

O telemóvel Pixel tem dois tamanhos diferentes; o ecrã maior oferece obviamente muito mais espaço, o que torna as aplicações de ecrã dividido uma funcionalidade bastante útil. Também funciona no Pixel mais pequeno, embora não pareça tão eficaz no ecrã mais pequeno.

Para utilizar esta funcionalidade, deslize para cima para abrir o multitasking; em seguida, toque no ícone por cima da janela que pretende transformar em ecrã dividido (nota: esta funcionalidade não é suportada em todas as aplicações); se o ecrã dividido estiver disponível, verá um menu com uma opção para ecrã dividido.

Depois de tocar em "ecrã dividido", pode deslizar para a esquerda e para a direita para encontrar a aplicação com a qual pretende dividir o ecrã. Toque na aplicação pretendida.

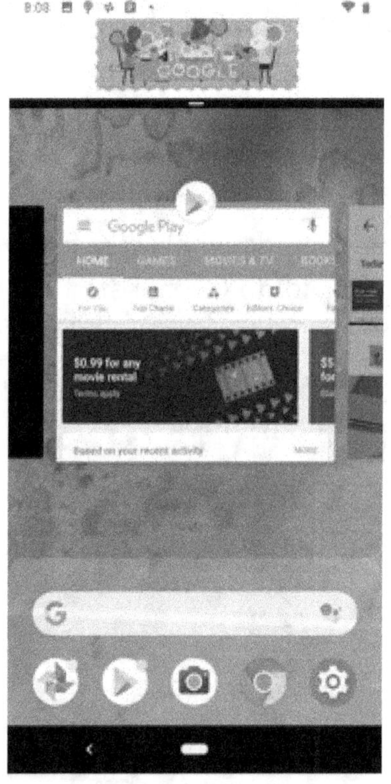

O seu ecrã está agora dividido em dois.

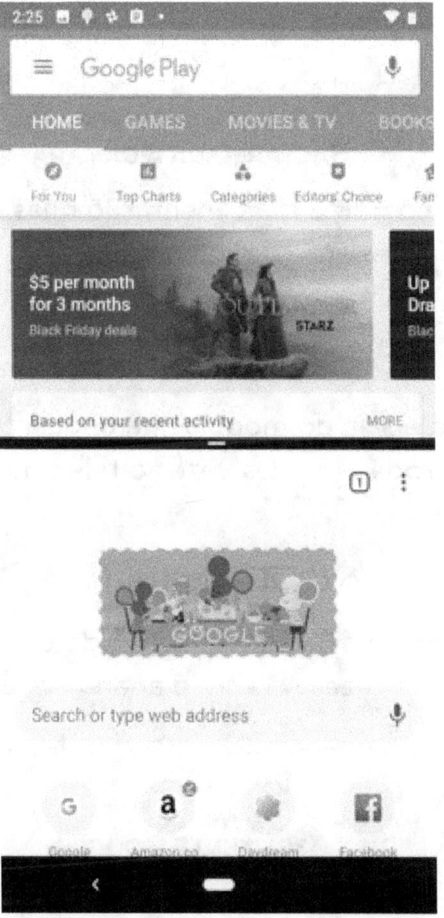

A barra preta fina no meio é ajustável; pode movê-la para cima ou para baixo para que uma das aplicações tenha mais espaço no ecrã.

Para sair deste modo, arraste a barra preta para cima ou para baixo até que uma das aplicações desapareça completamente.

GESTOS

SALTAR PARA A CÂMARA

Prima o botão de alimentação duas vezes para saltar rapidamente para a câmara.

CÂMARA FLIP

Entre e saia do modo selfie enquanto estiver na câmara, rodando duas vezes o telemóvel.

TOQUE DUPLO

Se o telemóvel estiver no modo de espera, toque duas vezes no ecrã e aparecerá a hora e as notificações.

ASSISTENTE GOOGLE

O Assistente do Google pode ser acionado dizendo "Olá, Google". Com os gestos, existe uma nova forma: deslizar a partir do canto inferior direito ou esquerdo.

[4]

O BÁSICO... E MANTÊ-LO RIDICULAMENTE SIMPLES

Este capítulo abordará:
- ☐ Fazer chamadas
- ☐ Envio de mensagens
- ☐ Encontrar e descarregar aplicações
- ☐ Direcções de condução

Agora que já tem o seu telefone configurado e conhece o dispositivo ao nível mais básico, vamos analisar as aplicações que mais vai utilizar e que estão atualmente na sua barra de atalhos ou de favoritos:

- ☐ Telefone

- ☐ Mensagens
- ☐ Google Play Store
- ☐ Cromado

Reparou que a câmara está fora desta lista? Há muito a fazer em relação à câmara, pelo que a abordarei num capítulo separado.

Antes de entrarmos no assunto, há algo que precisa de saber: como abrir aplicações que não estão na sua barra favorita. É fácil. No ecrã inicial, deslize o dedo para cima a partir da parte inferior. Reparou no menu que está a aparecer? É aí que estão todas as aplicações adicionais.

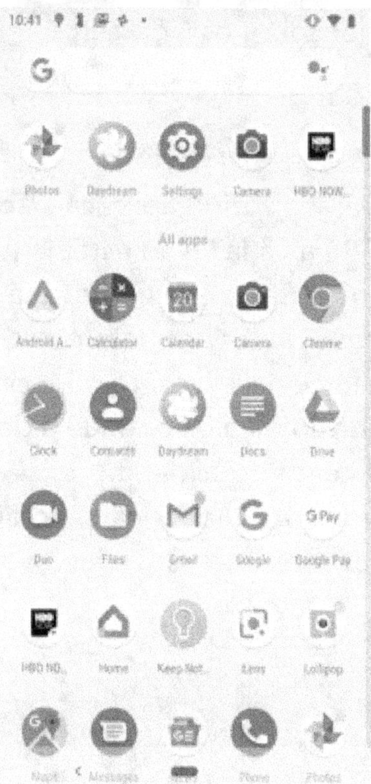

FAZER CHAMADAS

Então... quem é que vais chamar? Os Caça-Fantasmas?!

Seria a pessoa mais fantástica do mundo se os Caça-Fantasmas estivessem nos contactos do seu telemóvel! Mas antes de poder encontrar esse número nos seus contactos, provavelmente ajudaria saber como adicionar um contacto, encontrar um contacto, editar um contacto e colocar contactos em grupos, certo? Por isso, antes de começarmos a fazer chamadas, vamos dar os primeiros passos e falar sobre os Contactos.

Contactos

Então, vamos abrir a aplicação Contactos para começar. Está a vê-la? Não está na tua barra favorita, certo? Então onde é que está?! Foi por isso que lhe mostrei anteriormente como aceder a aplicações adicionais. Deslize para cima a partir da parte inferior do ecrã e continue a deslizar até o menu aparecer na totalidade.

Está por ordem alfabética, pelo que a aplicação Contactos está na letra C. Tem o seguinte aspeto:

Contacts

Se adicionou a sua conta de correio eletrónico, é provável que já tenha muitos contactos na lista. Centenas!

Pode deslocar-se lentamente ou ir para o lado direito da aplicação e deslocar-se - isto permite-lhe deslocar-se rapidamente por letras. Basta deslizar o dedo até ver a letra do contacto pretendido e, em seguida, parar.

Mas estou a adiantar-me! Antes de se poder deslocar, seria bom saber como adicionar um contacto para que haja pessoas para onde se deslocar. Para adicionar um contacto, toque no sinal de mais azul.

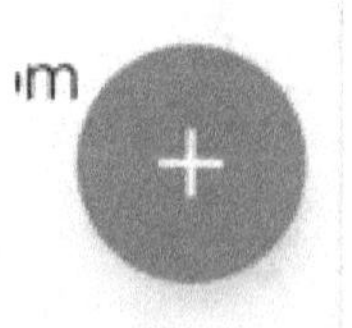

Adicionar uma pessoa assemelha-se mais a candidatar-se a um emprego do que a adicionar um contacto. Há filas e filas de campos!

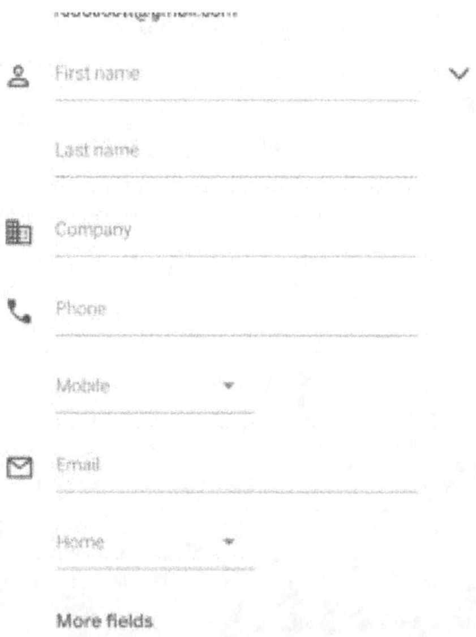

    First name   ∨

    Last name

    Company

    Phone

    Mobile   ▾

    Email

    Home   ▾

More fields

Para o caso de não se sentir sobrecarregado com todos os campos, pode tocar em mais campos e obter ainda mais!

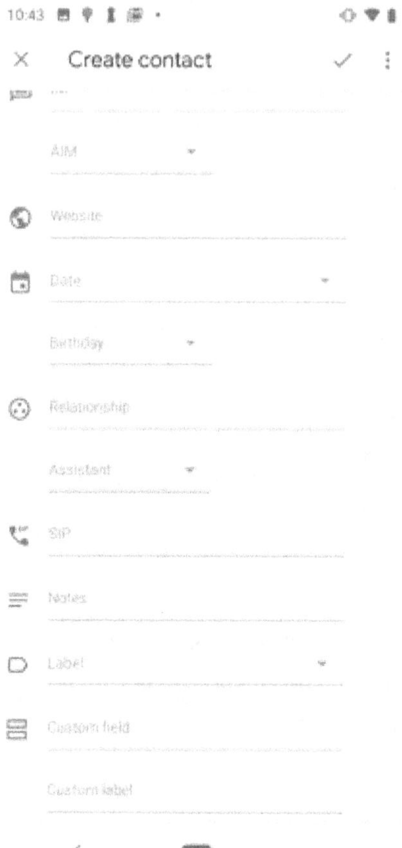

Não é suficiente? O Google ajuda-o, porque pode adicionar um campo personalizado!

Eis a coisa mais importante que precisa de saber: os campos são opcionais! Pode adicionar um nome e um e-mail e é tudo. Nem sequer precisa de adicionar o número de telefone. No entanto, se quiser telefonar-lhes, isso ajudará certamente.

Se tiver dificuldade em lembrar-se de quem são as pessoas, também pode tirar uma fotografia ou adicionar uma fotografia que já tenha. É útil se tiver oito filhos e não se conseguir lembrar se o Joey é o que tem cabelo louro ou ruivo.

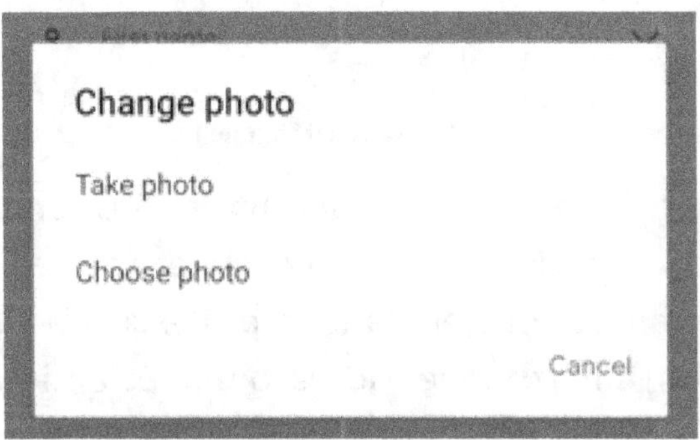

Quando tiver terminado, toque na caixa de verificação. Isso guarda-o. Se decidir que afinal não quer adicionar um contacto, toque no X. Isto fecha-o sem o guardar.

EDITAR UM CONTACTO

Se adicionar um e-mail e mais tarde decidir que deve adicionar um número de telefone, ou se quiser editar qualquer outra coisa, basta localizar o nome nos seus contactos e tocar uma vez. Isto faz aparecer toda a informação que já adicionou.

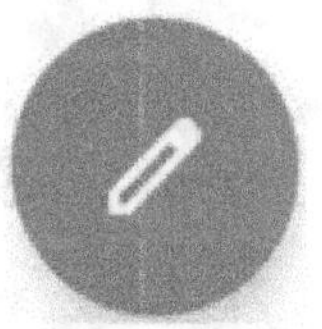

Vá para o canto inferior e toque no botão do lápis. Isto torna o contacto editável. Vá para o campo pretendido e actualize-o. Quando tiver terminado, toque na caixa de verificação no canto superior direito.

PARTILHAR UM CONTACTO

Se tiver o telemóvel durante muito tempo, alguém lhe pedirá o número de telefone de fulano ou sicrano. A maneira antiga era escrevê-lo. Mas tu tens um smartphone, por isso não és antiquado!

A nova forma de partilhar um número é encontrar a pessoa nos seus contactos, tocar no seu nome e, em seguida, tocar nos três pontos no canto superior direito do ecrã. Isto abre um menu.

Delete

Share

Add to Home screen

Set ringtone

Route to voicemail

Help & feedback

Existem algumas opções aqui, mas a que pretende é "Partilhar"; a partir daqui, tem algumas opções, mas a mais fácil é enviar uma mensagem de texto ou um e-mail com o contacto para o seu amigo. Isto envia-lhes um cartão de contacto. Por isso, se tiver outras informações sobre esse contacto (como o e-mail), estas também serão enviadas.

ELIMINAR CONTACTO

Existem mais algumas opções no menu que acabei de mostrar. Se decidir que uma pessoa está morta para si e que nunca mais a quer contactar, pode voltar a esse menu e tocar em "Apagar". Isto apaga a pessoa do seu telemóvel, mas não da sua vida.

ORGANIZAR-SE

Quando se começa a ter muitos contactos, a procura de alguém torna-se mais demorada. As etiquetas ajudam. Pode adicionar uma etiqueta para "Família", por exemplo, e colocar aí todos os membros da sua família.

Quando abrir os seus contactos e tocar nas três linhas no canto superior esquerdo, verá um menu. É aqui que verá as suas etiquetas. Assim, com as etiquetas, pode ir diretamente para essa lista e encontrar o contacto de que necessita.

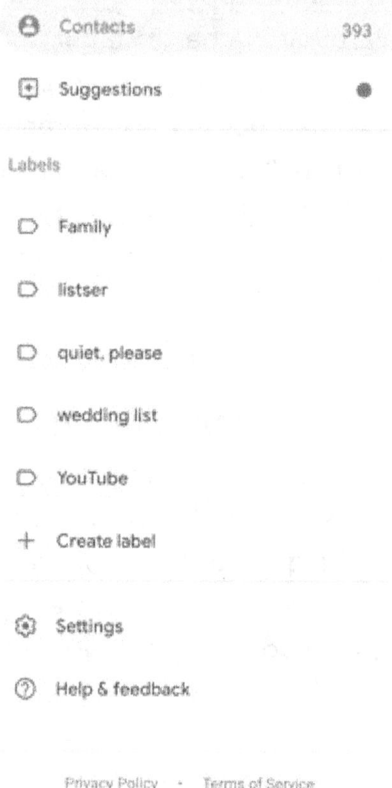

Também pode enviar um e-mail ou uma mensagem de texto a todo o grupo dentro da etiqueta. Assim, por exemplo, se o seu filho vai fazer 2 anos e quer lembrar a todos os que estão no seu contacto "Família" que não devem vir, basta tocar nessa etiqueta e, em seguida, tocar nos três pontos no canto superior direito. Isto abre um menu de opções.

Send email

Send message

Remove contacts

Rename label

Delete label

A partir daqui, basta tocar em enviar e-mail ou enviar mensagem.

Mas e se não tiver etiquetas? Ou se quiser adicionar pessoas a uma etiqueta? É fácil. Lembra-se daquela longa aplicação que utilizou para adicionar um contacto? Um dos campos chamava-se "Etiquetas". Tem de tocar em mais para o ver. Está na parte inferior. Um dos últimos campos, de facto.

Notes

Label

Add custom field

Se nunca adicionou uma etiqueta ou pretende adicionar uma nova, basta começar a escrever. Se tiver outra que queira utilizar, basta tocar na seta e seleccioná-la.

Quando terminar, não se esqueça de tocar em "Guardar".

ELIMINAR ETIQUETA

Se decidir que já não pretende ter uma etiqueta, basta aceder ao menu que lhe mostrei acima - menu lateral e, em seguida, os três pontos. A partir daqui, toque em "Eliminar etiqueta".

Se houver apenas uma pessoa que pretenda eliminar da etiqueta, toque nela e vá para a etiqueta e elimine-a.

FAZER CHAMADAS

Isto conclui a nossa visita à aplicação Contactos. Podemos agora voltar a fazer chamadas telefónicas para os Caça-Fantasmas.

Pode fazer uma chamada abrindo a aplicação Contactos, seleccionando o contacto e tocando no respetivo número de telefone. Em alternativa, pode tocar no botão Telefone a partir do ecrã inicial ou da barra de favoritos.

Existem algumas opções quando se abre esta aplicação. Vamos falar sobre cada uma delas.

A partir da extrema esquerda está o separador
Favoritos. Se tocar nesta opção, verá os seus contactos favoritos. Se não tiver adicionado nenhum,
este separador estará vazio. Se quiser tornar alguém seu favorito, toque nessa pessoa nos seus
Contactos e toque na estrela na parte superior
junto ao seu nome. Assim que o fizer, a pessoa
começará a aparecer automaticamente aqui.

No meio está o separador Recentes. Se tiver
efectuado chamadas, estas serão apresentadas
aqui.

A última opção é Contactos, que abre uma
versão da aplicação Contactos que se encontra na
aplicação Telefone.

Também à direita está o botão de marcação.

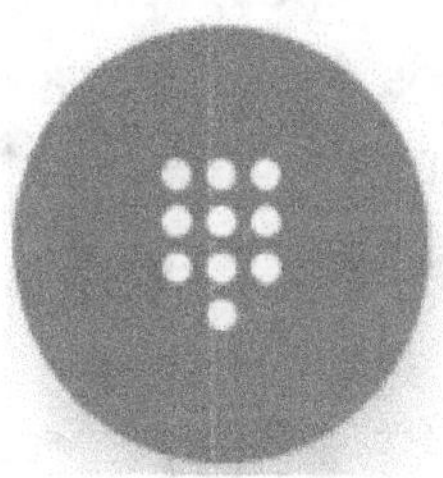

Se quiser ligar para alguém à moda antiga, tocando nos números, toque aqui.

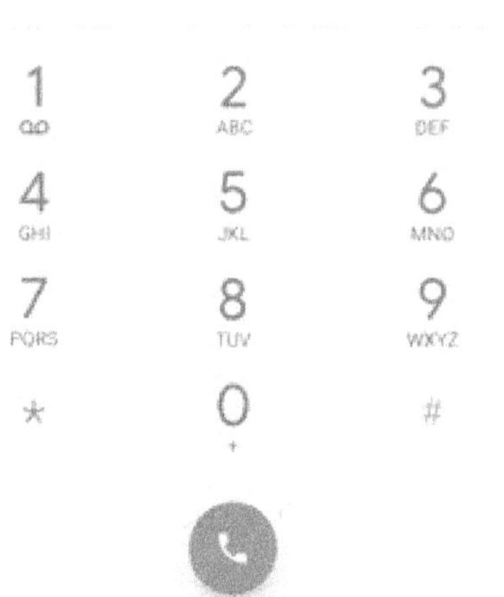

Quando terminar a chamada, prima o botão "Terminar" no seu telemóvel.

ATENDER E RECUSAR CHAMADAS

O que é que faz quando alguém lhe telefona? Provavelmente ignoro-o porque é um operador de telemarketing!

No entanto, é fácil aceitar uma chamada. Quando o telefone toca, aparece o número e, se a pessoa estiver nos seus Contactos, aparece também o nome. Para atender, basta deslizar o dedo sobre "atender". Para recusar, basta arrastar o botão "recusar".

JOGAR ANGRY BIRDS ENQUANTO FALA COM A ANGRY MOM

E se estiver numa chamada com a sua mãe e ela se estiver a queixar de alguma coisa, mas não quiser ser mal-educado e desligar? É fácil. Fazes multitarefas! Isto significa que podes jogar Angry Birds enquanto falas!

Para executar multitarefas, basta deslizar para cima a partir da parte inferior do telefone e abrir a aplicação em que pretende trabalhar enquanto está a falar. A chamada será apresentada na área de notificação. Toque nela para regressar à chamada.

DIRECIONAR A MINHA CHAMADA

O Direct My Call foi lançado em 2021 como uma forma de o ajudar a navegar rapidamente em menus automatizados. A IA no Pixel é capaz de detetar os menus e colocar um menu de chamada no seu ecrã, o que torna mais fácil chegar onde quer ir antes que a voz na linha o diga. É uma funcionalidade que será melhorada com o tempo, pelo que poderá não funcionar como esperado no início.

Para o utilizar, abra a aplicação Telefone, toque no ícone do menu de três pontos no canto superior e seleccione "Definições". Vá para "Direcionar a minha chamada" e active-a.

ABRAÇAR PARA MIM

O Assistente do Google tornou-se, literalmente, o seu assistente. Isto é especialmente verdade nas chamadas telefónicas. Já alguma vez ficou em espera durante demasiado tempo? O Assistente do Google conhece a sua dor e está disposto a aguardar por si! Ele avisa-o quando detecta que um humano atendeu a chamada. Para o utilizar, abra a aplicação Telefone, toque no menu de três pontos no canto superior direito e seleccione "Definições". Por último, toque em "Esperar por mim".

NÃO SEJA SPAMMY

Ninguém gosta daquela chamada a perguntar se quer comprar alguma coisa. O Google pode ajudar a filtrar as suas chamadas e a livrar-se do spam. Para o ativar, vá para a aplicação Telefone, toque nos três pontos no canto superior direito e toque em definições. Vá para "Spam e ecrã de chamadas". Toque no botão de alternância junto a "Ver identificador de chamadas e de spam".

MENSAGENS

Agora que já sabe como funcionam os contactos e o telefone, as mensagens serão uma segunda natureza. Partilham muitas das mesmas propriedades.

Vamos abrir a aplicação Mensagens (que se encontra na barra de Favoritos).

CRIAR / ENVIAR UMA MENSAGEM

Depois de ter selecionado o(s) contacto(s) a quem enviar uma mensagem, toque em Compor. Também pode escrever manualmente o número no campo de texto.

Pode adicionar mais do que um contacto, o que se designa por texto de grupo.

Utilize o campo de texto para escrever a sua mensagem. Se pretender adicionar algo sofisticado à sua mensagem (como fotografias ou gifs), toque no sinal de mais. Isto abre um menu com mais opções.

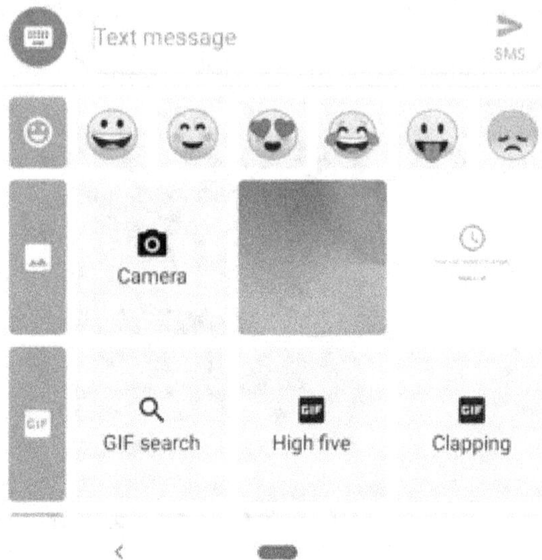

Quando estiver pronto para enviar a sua mensagem, toque na seta com o SMS por baixo.

VER MENSAGEM

Quando receber uma mensagem, o telemóvel vibrará, tocará ou não fará nada - tudo depende da forma como configurou o telemóvel. Para ver a mensagem, pode abrir a aplicação ou deslizar para baixo para ver as notificações - uma delas será a mensagem de texto.

CONVERSAS

A Google deu grandes passos no Android 11 para tornar a resposta a mensagens mais simples e fácil.

Um dos sítios onde isto se verifica é nas Conversas. Quando recebe uma mensagem (texto, mensagem do Facebook, mensagem do Twitter, etc.), pode vê-la na sua área de notificação deslizando para baixo a partir da parte superior.

O método antigo consistia em clicar nessa mensagem para responder. Agora pode ver a mensagem, definir o nível de prioridade e responder diretamente a partir desta área.

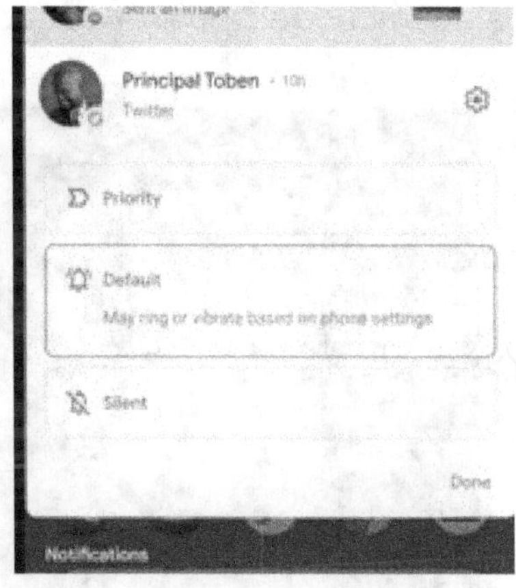

BOLHAS DE CONVERSA

Outra área em que verá o Android simplificar a abordagem às mensagens é com as Chat Bubbles. As Chat Bubbles aparecerão na parte lateral da aplicação em que estiver a trabalhar, para que possa responder sem ter de fechar a aplicação. Tal como o nome sugere, serão pequenas bolhas na parte lateral do ecrã.

Se não gostar muito desta funcionalidade, pode desactivá-la indo à aplicação Definições e depois em Aplicações e notificações> Notificações > Bolhas.

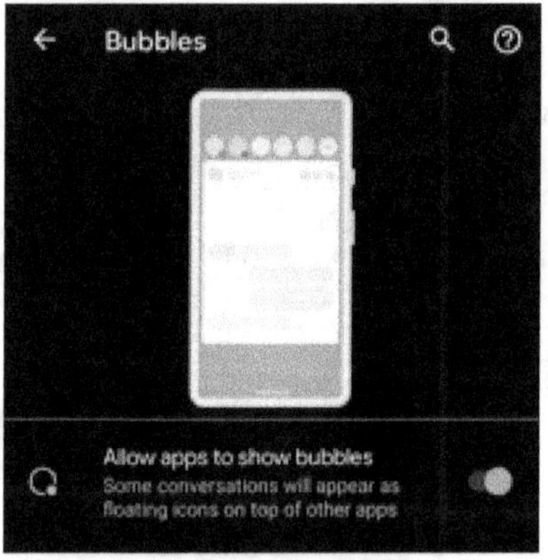

RESPOSTA INTELIGENTE

Se é um utilizador do Gmail, provavelmente já começou a ver Respostas inteligentes no seu e-mail. A Resposta inteligente utiliza um motor informático para reconhecer o que vai escrever a seguir e fazer uma sugestão.

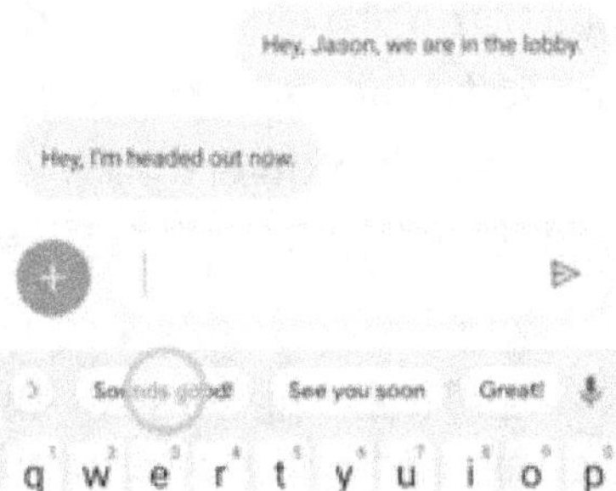

Resposta inteligente funciona de forma tão surpreendente que pode ficar um pouco assustado com ele - como se uma pessoa estivesse do outro lado do ecrã a ler as suas mensagens! Não é o caso. É tudo inteligência artificial. Mas se continuar a achar a funcionalidade assustadora ou irritante, pode ir à aplicação Definições e procurar por Resposta inteligente. Em Sugestões no chat, verá uma opção para ativar/desativar a funcionalidade.

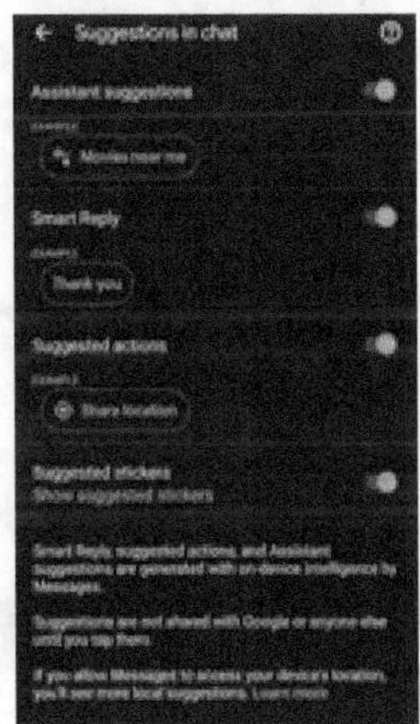

ONDE É QUE HÁ UMA APLICAÇÃO PARA ISSO?

Mencionei anteriormente que podia jogar Angry Birds enquanto falava com a sua mãe zangada ao telefone. Parece-lhe divertido? Mas onde está o Angry Birds no teu telemóvel? Não está! Tens de o descarregar.

Adicionar e remover aplicações no Pixel é fácil. Vá à barra de favoritos na parte inferior do ecrã inicial e toque na aplicação Google Play.

Isto abre a Play Store.

A partir daqui, pode navegar pelas principais aplicações, ver as escolhas dos editores, consultar as categorias ou, se tiver uma aplicação em mente, procurá-la. A Play Store não é só para aplicações. Pode utilizar os separadores na parte superior para aceder a filmes, livros e música. Qualquer tipo de conteúdo transferível que seja oferecido pela Google pode ser encontrado aqui.

Quando vir a aplicação que pretende, toque na mesma. Pode ler as opiniões, ver capturas de ecrã e instalá-la no seu telemóvel. Para instalar, basta tocar no botão de instalação - se for uma aplicação paga, ser-lhe-á pedido que a compre. Se não houver preço, é gratuita (ou oferece pagamentos na aplicação - o que significa que a aplicação é gratuita, mas tem funcionalidades premium pelas quais pode ter de pagar).

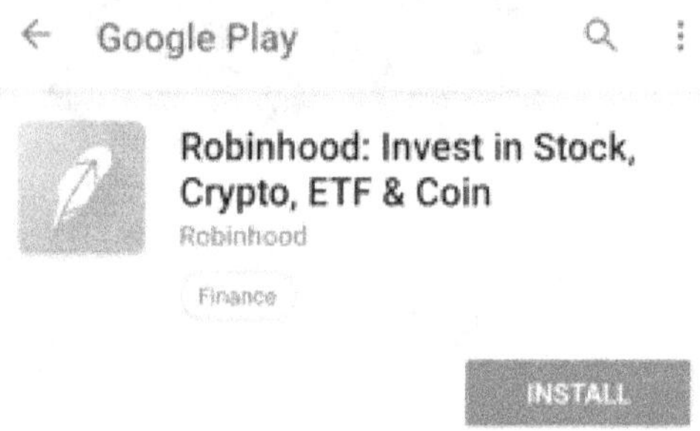

A aplicação está agora armazenada na secção de aplicações do seu dispositivo (lembra-se da secção a que acede quando desliza de baixo para cima?)

REMOVER APLICAÇÃO

Se decidir que já não quer uma aplicação, vá até à aplicação no menu de aplicações e toque sem soltar. Isto faz aparecer uma caixa que diz "Informação da aplicação". Toque nessa caixa.

A partir deste menu, obterá todas as informações sobre a aplicação; uma das opções é removê-la. Toque nessa opção e já está.

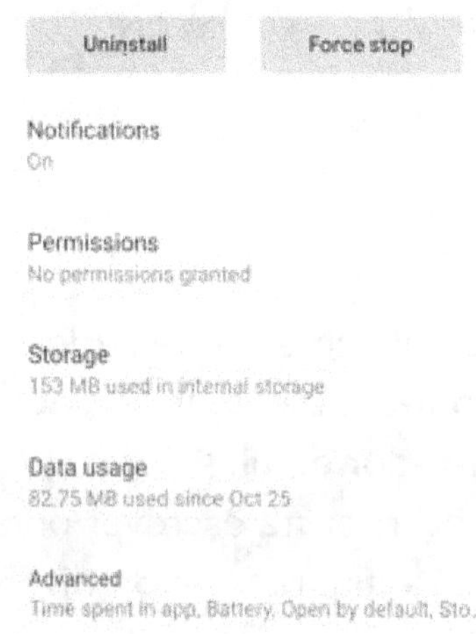

Se descarregar a aplicação da Play Storepode sempre eliminá-la. Algumas aplicações que foram pré-instaladas no telemóvel não podem ser eliminadas.

DIRECÇÕES DE CONDUÇÃO

Antigamente, é possível que tenha tido um GPS. Era um aparelho de plástico sofisticado que lhe dava indicações para qualquer ponto da América do Norte. Pode deitar fora esse aparelho porque o seu telemóvel é o seu novo GPS.

Para obter direcções, deslize para cima para abrir as suas aplicações. Toque na aplicação Mapas.

Maps

Será automaticamente definido para o local onde se encontra atualmente - o que é simultaneamente assustador e útil.

Para começar, basta escrever onde quer ir. Estou à procura de um parque de diversões em Anaheim.

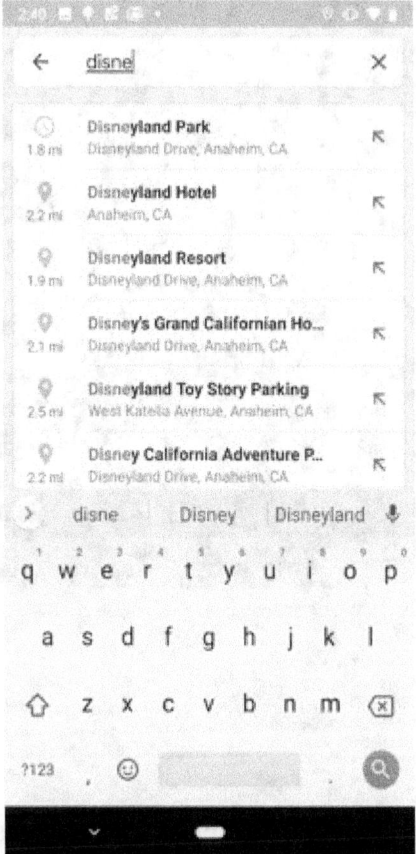

Começa automaticamente a preencher o que pensa que vai escrever e indica-lhe a distância. Quando vir o que pretende, toque nele.

Aponta a localização no mapa e dá-lhe também a opção de telefonar, partilhar ou obter direcções para a localização. Se pretender reduzir ou aumentar o zoom, basta utilizar dois dedos e aproximar ou afastar o ecrã.

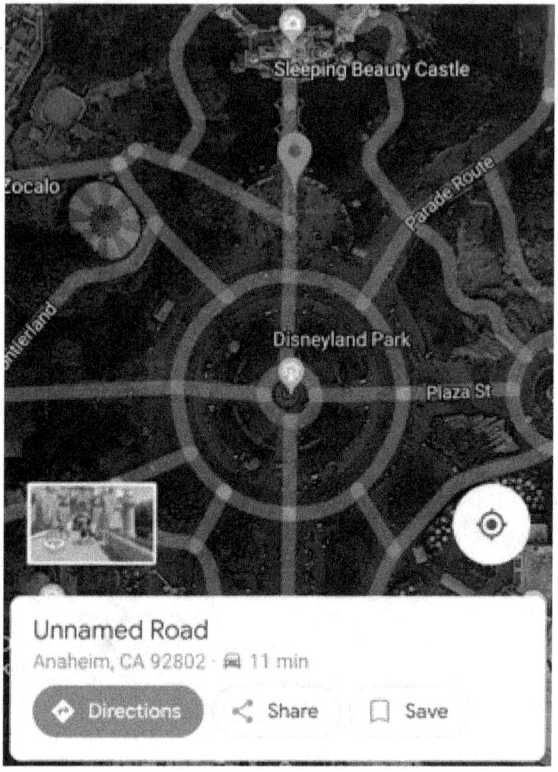

Obtém automaticamente direcções a partir do local onde se encontra. Pretende obter direcções a partir de uma localização diferente? Basta tocar no campo "A sua localização" e escrever onde pretende ir. Também pode inverter as direcções tocando nas setas duplas. Quando estiver pronto para avançar, toque em "Iniciar".

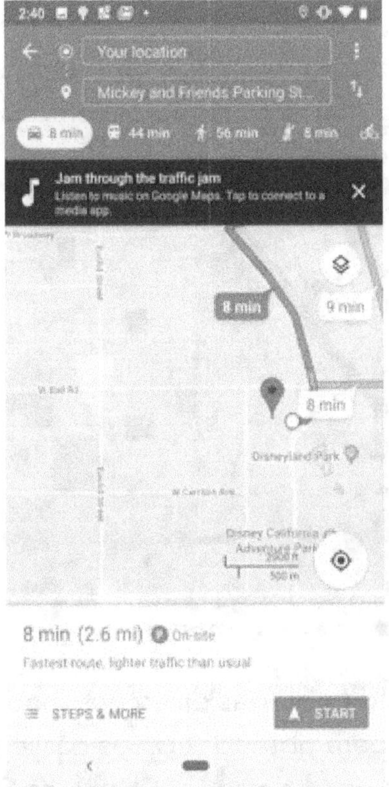

E se não quiser conduzir? E se quiser andar a pé? Ou andar de bicicleta? Ou apanhar um táxi? Existem opções para tudo isso e muito mais! Toque na barra deslizante por baixo da barra de endereço para escolher o que preferir. Isto actualiza as direcções - quando vai a pé, por exemplo, mostra-lhe ruas de sentido único e também actualiza o tempo que vai demorar.

E se quiser conduzir mas for como eu: tem pavor das auto-estradas da Califórnia? Existe uma opção para evitar auto-estradas. Toque no botão de menu no canto superior direito do ecrã,

seleccione o que pretende evitar e prima "concluído". É agora redireccionado para um percurso
mais longo - reparou como os tempos provavelmente mudaram?

Options

☐   Avoid highways

☐   Avoid tolls

☐   Avoid ferries

CANCEL   DONE

Depois de obter as direcções, pode deslizar
para cima para obter direcções passo a passo. Até
pode ver o aspeto da rua. Chama-se Street View.

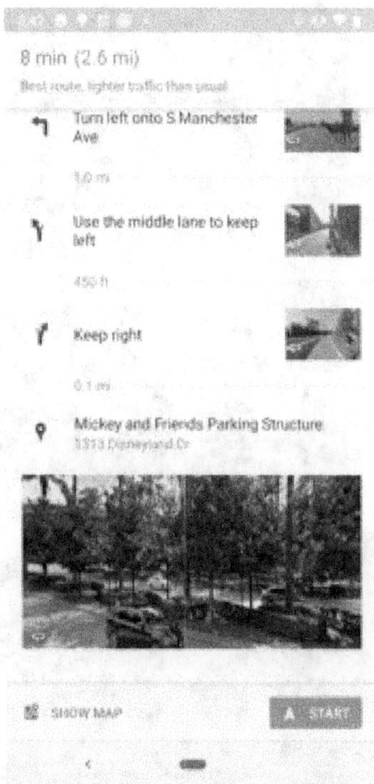

O Street View não é apenas para as ruas. A Google está a expandir a funcionalidade para todo o lado. Se mantiver o dedo sobre o mapa, haverá uma opção para mostrar o Street View se estiver disponível. Basta tocar na miniatura. Aqui está um Street View:

Pode passear por todo o parque! Se ao menos pudesses andar nas diversões também! Pode aproximar-se ainda mais da ação pegando nos auscultadores Dreamview. Ao colocar o telemóvel, pode rodar a cabeça e a vista roda consigo.

O Street View também está disponível em muitos centros comerciais e outras atracções turísticas. Aponte o seu mapa para o Smithsonian em Washington, DC e obtenha um Street View muito fixe.

QUAL É O NOME DESSA CANÇÃO?

Todos nós já passámos por aquele momento em que estamos sentados num café ou num elevador e toca aquela música "única". Aquela que adoramos ou odiamos ou que só queremos saber o nome. Sim, existe uma aplicação para nos dizer o nome, mas por vezes não conseguimos tirá-la a tempo - ou simplesmente não queremos mais uma aplicação no nosso telemóvel. É aí que o Now Playing dá jeito.

O Now Playing existe desde o Pixel 2, mas muitas vezes passa despercebido. Detecta a música que está a tocar à sua volta e adiciona-a a uma lista que pode consultar mais tarde. Tudo isto é feito em segundo plano e o utilizador nem sequer sabe que está a funcionar, a menos que tenha configurado notificações.

Para ver as músicas que foram gravadas no seu registo, vá a Definições > Som > A reproduzir agora. Pode ver o seu registo clicando no histórico, ou pode ativar o botão "mostrar músicas no ecrã de bloqueio".

LEGENDA EM DIRETOING

Uma das principais funcionalidades do Android 10 é a legendagem em direto; a legendagem em direto pode transcrever qualquer vídeo gravado e mostrar o que está a ser dito. Funciona surpreendentemente bem e é bastante precisa.

Para a ativar, vá a Definições > Som > Legenda em direto.

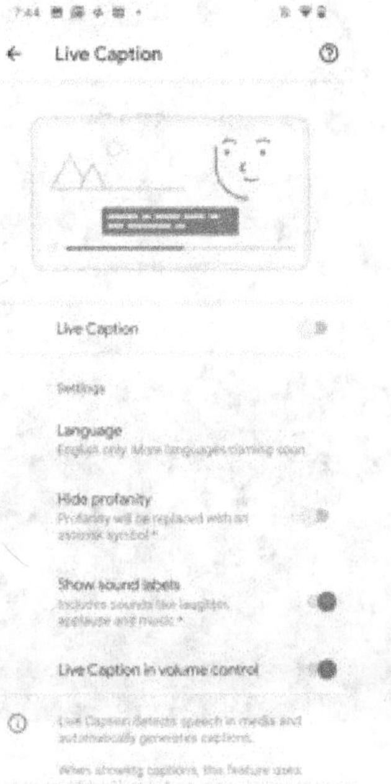

Nas definições, também é possível desativar os palavrões e, em breve, selecionar um idioma diferente. Se for algo que só utiliza ocasionalmente, recomendo que o deixe desativado, mas que o active em Legenda em direto no controlo do volume. Com esta opção activada, basta premir o botão de volume. Quando o fizer, verá a opção para a ativar; é a opção inferior.

Quando estiver ligado, começará a ver uma transcrição aparecer em segundos.

TAXA DE ATUALIZAÇÃO

O Pixel 5 suporta uma taxa de atualização de até 90Hz. Uau, não é? Na verdade, a maioria das pessoas não faz ideia do que isto significa. São frames por segundo (FPS) - ou 90 FPS. Então, o que é que isso significa? Se estiver a jogar ou a utilizar algo que tenha ação rápida, significa que as coisas vão parecer muito mais suaves. Mas também vai consumir a vida útil da sua bateria, por isso use com cuidado (60 Hz é a norma).

Para o ativar/desativar, existem duas opções. A primeira é ir a Definições > Ecrã > Avançadas > Ecrã suave. Esta opção vai ativar/desativar automaticamente.

Se quiser forçar a ativação, existe uma segunda opção. Nota: esta opção é "utilize por sua conta e risco" porque é uma opção de programador. Aconselho a não a utilizar, a menos que saiba o que está a fazer. Para o fazer, vá a Definições > Acerca do telemóvel; vá até à parte inferior e toque várias vezes no número de compilação até entrar no modo de programador. Agora, vá a Sistema > Avançadas > Opções de programador > Forçar taxa de atualização de 90 Hz.

PARTILHAR WI-FI

Sempre que recebemos convidados, quase sempre nos perguntam: qual é a password do wi-fi? Se for como eu, provavelmente essa pergunta incomoda-o. Talvez a sua palavra-passe seja muito longa, talvez não goste de a divulgar ou talvez tenha demasiada vergonha de dizer que é "Feet$FetishLover1". Seja qual for a razão, vai adorar partilhar o seu wi-fi com códigos QR. Já lá vai o tempo em que era preciso dar esta informação. Basta dar-lhes um código que eles podem digitalizar e terão acesso sem nunca saberem qual é a sua palavra-passe.

Para o utilizar, vá às definições de wi-fi e seleccione o botão de configuração do wi-fi que pretende partilhar.

Aparecerá a sua informação wi-fi; toque na opção azul "Partilhar" com o código QR.

Depois de verificar que é você, verá o código a digitalizar e só tem de o mostrar ao seu amigo.

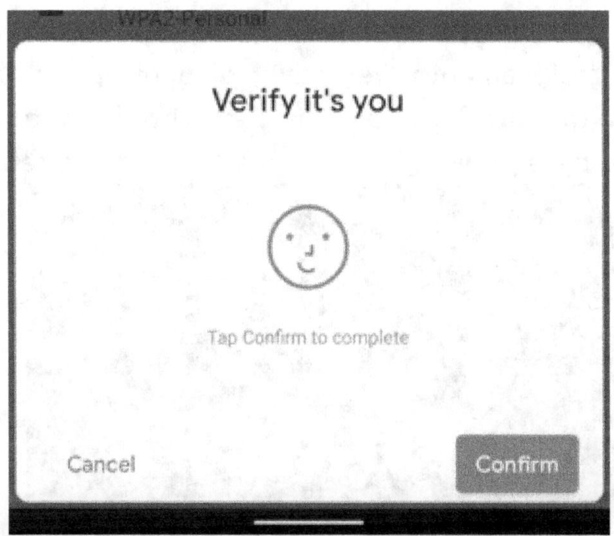

CAPTURA DE ECRÃ

Se alguma vez se deparou com um problema no seu telemóvel e lhe disseram "Tire uma fotografia do ecrã", o que se quer dizer no Android é que deve manter premido o botão de ligar/desligar e o volume baixo ao mesmo tempo. Isso fará uma captura de ecrã do que quer que esteja no seu ecrã e colocá-la-á numa pasta nas suas fotografias. Basta clicar em biblioteca quando abrir o seu álbum de fotografias e verá uma pasta chamada capturas de ecrã.

Quando liga e desliga + diminui o volume, aparece uma pré-visualização no canto inferior esquerdo. Esta desaparecerá dentro de alguns segundos, a não ser que toque para a editar.

Se o ecrã o permitir (nem todos o permitem, por isso não fique frustrado se não vir esta opção à primeira), pode capturar mais do que aquilo que está no ecrã; chama-se a isto uma captura de ecrã com deslocamento. Se estiver disponível, verá um botão que diz Capturar mais. Este tipo de captura é ótimo para páginas Web longas e com muito texto.

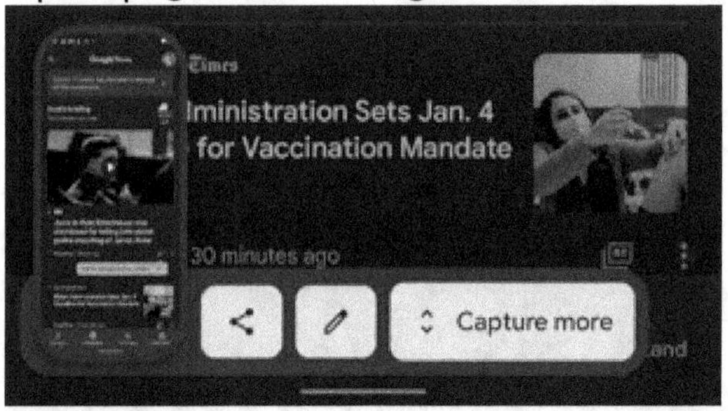

Quando tocar em Capturar mais, ser-lhe-á dada a opção de arrastar sobre a área que pretende capturar mais. Pode capturar a página inteira ou apenas parte dela.

GRAVADOR GOOGLE

O Google Recorder sempre foi um sonho para os estudantes, pois transcreve automaticamente o que está a ser gravado. Com o Pixel, fica ainda melhor, pois permite identificar quem está a falar; se, por exemplo, tiver uma entrevista com várias pessoas, detecta quem está a dizer o quê.

00:06
Hello. This is a test.
English (US)
Audio
Transcript
00:14.9
Delete
Save

[5]

VAMOS SURFAR AGORA!

Este capítulo abordará:
- Configurar o correio eletrónico
- Criar e enviar correio eletrónico
- Gerir várias contas
- Navegar na Internet

Quando se trata da Internethá duas coisas que deve fazer:
- Enviar e-mail
- Navegar na Internet

ADICIONAR UMA CONTA DE E-MAIL CONTA

Quando configurar o seu telefone, irá configurá-lo para a sua Conta Google, que é normalmente o seu e-mail.

No entanto, poderá querer adicionar outra conta de correio eletrónico ou remover a que configurou.

Para adicionar um e-mail, deslize o dedo para cima para abrir as suas aplicações e toque em "Definições."

Em seguida, toque em "Contas".

A partir daqui, seleccione "Adicionar conta"; também pode tocar na conta que foi configurada e tocar em remover conta - mas lembre-se de que pode ter mais do que uma conta no seu telemóvel.

Depois de adicionar o seu e-mail, ser-lhe-á perguntado que tipo de e-mail é. Siga os passos após selecionar o tipo de correio eletrónico para adicionar o seu correio eletrónico, a palavra-passe e outros campos obrigatórios.

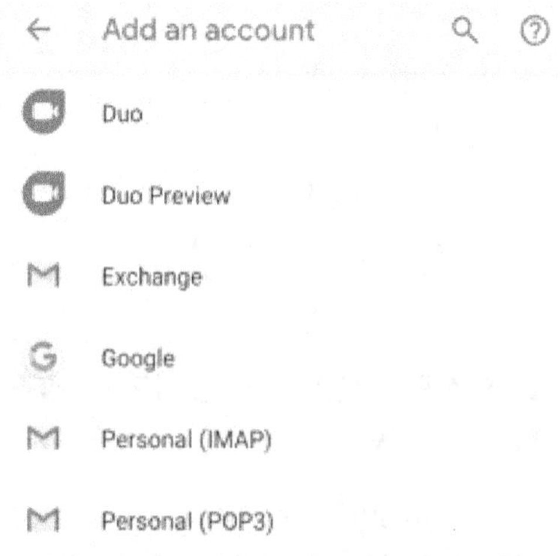

CRIAR E ENVIAR UM E-MAIL

Para enviar um e-mail utilizando o Gmail (a aplicação de e-mail nativa do Pixel), deslize para cima para aceder às suas aplicações, toque em "Gmail" e toque em "Compor um novo e-mail" (o pequeno lápis vermelho redondo no canto inferior direito). Quando terminar, toque no botão enviar.

Também pode utilizar a Google Play Store para encontrar outras aplicações de correio eletrónico (como o Outlook).

GERIR VÁRIAS CONTAS DE E-MAIL CONTAS

Se tiver mais do que uma conta Gmail, toque nas três linhas no canto superior esquerdo do ecrã do seu e-mail; isto faz aparecer um menu deslizante. Se tocar na pequena seta junto ao endereço de e-mail, esta desce e mostra outras contas. Se não houver nenhuma na lista, pode adicionar uma.

NAVEGAR NA INTERNET

O navegador Web nativo da Google é o Chrome. Pode utilizar outros navegadores (que podem ser encontrados na Google Play Store). No entanto, este livro abordará apenas o Chrome.

Comece por tocar no ícone do navegador Chrome na sua barra de favoritos ou entrando em todos os programas.

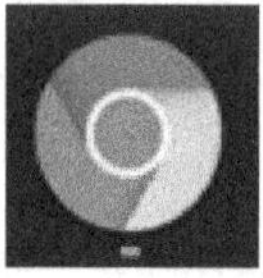

Se já utilizou o Chrome num computador de secretária ou em qualquer outro dispositivo, este capítulo não será propriamente uma ciência espacial - tal como a aplicação de correio eletrónico, muitas das mesmas propriedades que encontra no computador de secretária existem na versão móvel.

Quando o abrir, verá que se trata de um browser bastante básico. Há três aspectos principais que deve ter em atenção.

☐ **Barra de endereços** - Como seria de esperar, é aqui que coloca o endereço de Internet (google.com, por exemplo); o que deve compreender, no entanto, é que não se trata apenas de uma barra de endereços. Trata-se de uma barra de pesquisa. Pode utilizá-la para procurar coisas, tal como faria para procurar algo no Google; quando carrega na tecla "enter", é encaminhado para a página de resultados de pesquisa do Google.

- **Botão de separador** - Como o espaço é limitado, não vê todos os separadores como num browser normal; em vez disso, tem um botão que lhe diz quantos separadores estão abertos. Se tocar neste botão, pode alternar entre os separadores ou passar por cima de uma das páginas para fechar o separador.

☐ **Botão Menu** - O último botão abre um menu com uma série de outras opções de que falarei de seguida.

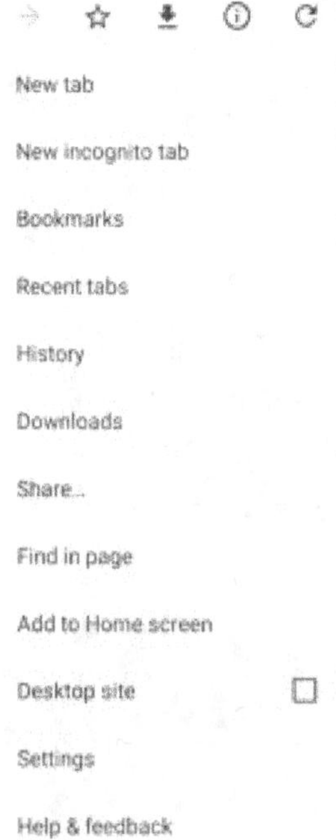

O menu é bastante simples, mas há algumas coisas que vale a pena referir.

O "Novo separador incógnito" abre o seu telemóvel para uma navegação privada; isso não significa que o seu IP não seja monitorizado. Significa que o seu histórico não é registado; significa também que as palavras-passe e os cookies não são armazenados.

Um pouco mais abaixo está "Histórico"; se quiser que o seu histórico seja apagado para que não haja qualquer registo no seu telemóvel dos locais onde esteve, vá aqui e limpe o seu histórico de navegação.

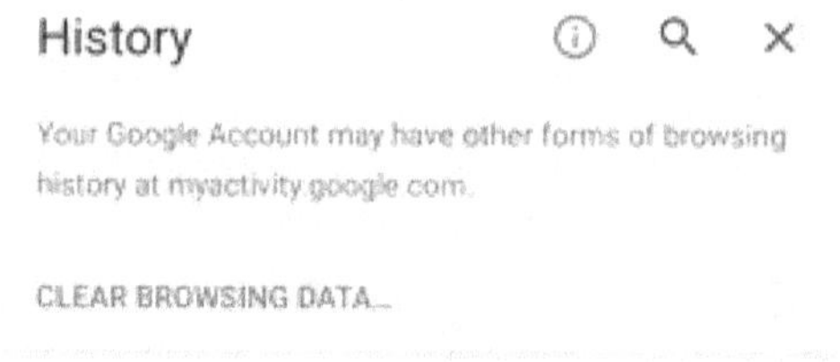

History   ⓘ   🔍   ✕

Your Google Account may have other forms of browsing history at myactivity.google.com.

CLEAR BROWSING DATA...

Se pretender apagar mais do que apenas sítios Web (palavras-passe, por exemplo), vá a "Definições" na parte inferior do menu. Isto abre mais definições avançadas.

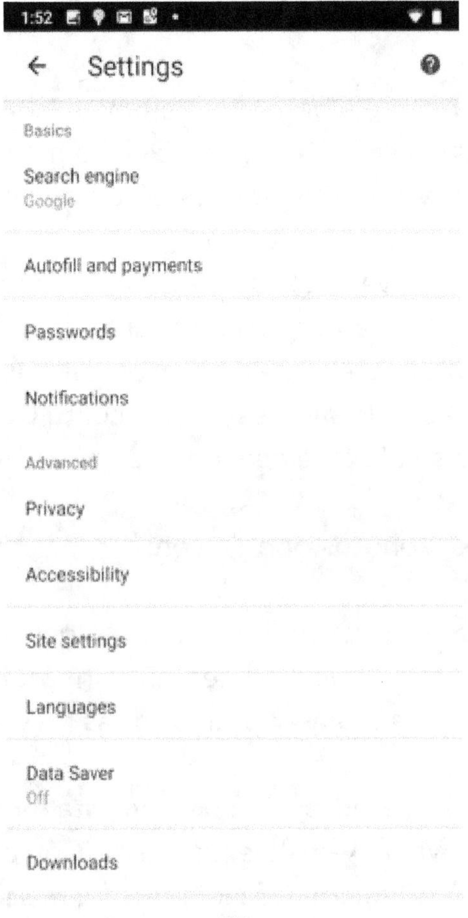

[6]

SNAP IT!

A câmara é a base do telemóvel Pixel. Muitas pessoas consideram que o Pixel é a melhor câmara de sempre num telemóvel. Deixo isso ao vosso critério.

Uma das vantagens das fotografias no Pixel é o facto de as guardar automaticamente online, pelo que não tem de se preocupar com a sua perda. Pode vê-las iniciando sessão na conta Google associada ao seu Pixel e acedendo aqui:

https://photos.google.com

E o melhor de tudo: tudo isto é gratuito! Não tem de pagar mais para ter mais armazenamento e não é necessário usar outras coisas no seu Google Drive.

Para se certificar de que tem esta funcionalidade activada, vá a "Definições", "Cópia de segurança" e "sincronização"; certifique-se de que a activou.

Existem algumas advertências (por exemplo, as fotografias podem ser comprimidas), pelo que deve ler as condições.

OS PRINCÍPIOS BÁSICOS

Está pronto para começar a fotografar o seu Ansel Adams? Vamos começar por abrir a aplicação

Câmara da câmara. Pode fazer isto de várias formas:

- O mais óbvio é tocar na Câmara na sua
  barra favorita ou deslizando para cima e
  abrindo-a a partir de todas as aplicações.
  Parece uma câmara - vá lá!

- Prima duas vezes o botão de alimentação.

Quando estiver na aplicação, não se esqueça de
que pode rodar o telemóvel para alternar entre o
modo selfie.

Quando se abre a aplicação, esta inicia-se no
modo de câmara básico. A interface do utilizador
pode parecer bastante simples, mas não se deixe
enganar. Existem muitos controlos.

A maior parte dos controlos que vais utilizar
estão na parte inferior do ecrã.

De cima para baixo, os primeiros três botões
são: Atalho para Fotos (toque nele e a aplicação
Fotos abre-se), botão do obturador (prima para
tirar uma fotografia) e botão de alternância da
câmara para mudar da câmara traseira para a
frontal ou da frontal para a traseira.

Em baixo, estão todos os modos da câmara.

E, finalmente, na parte inferior, tem as opções da câmara, a alternância vídeo/foto (para mudar do modo de fotografia para o modo de vídeo) e a opção secundária.

Dependendo do modo de câmara em que se encontra, verá diferentes opções. Algumas têm várias opções. Por exemplo, este ecrã de opções para o modo de fotografia normal.

Outros terão muito poucas opções. Por exemplo, as opções de vídeo Pan.

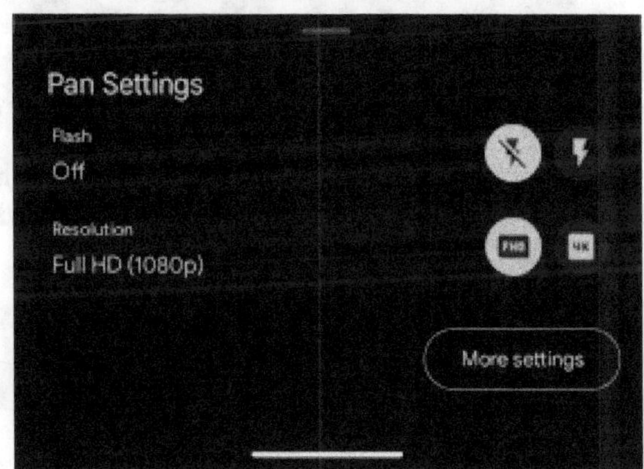

Algumas terão também um separador para definições Pro. É aqui que pode escolher se quer fotografar em modo RAW ou mudar para o modo manual.

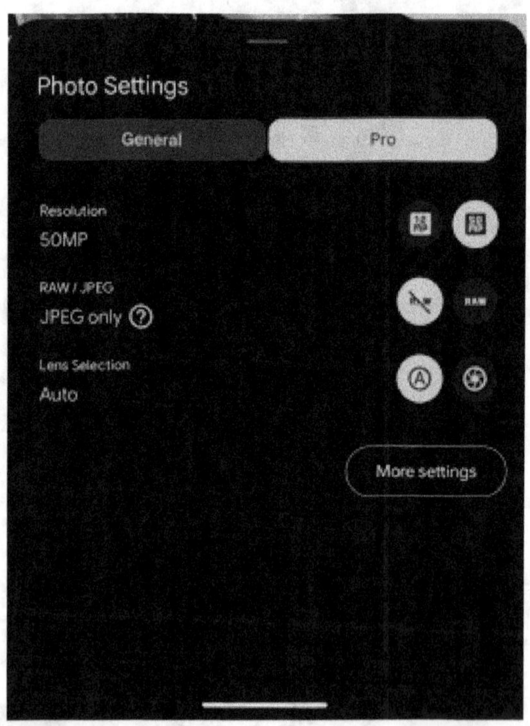

Também pode tocar em Mais definições para ver ainda mais opções da câmara. Também pode aceder a estas opções a partir das definições do sistema.

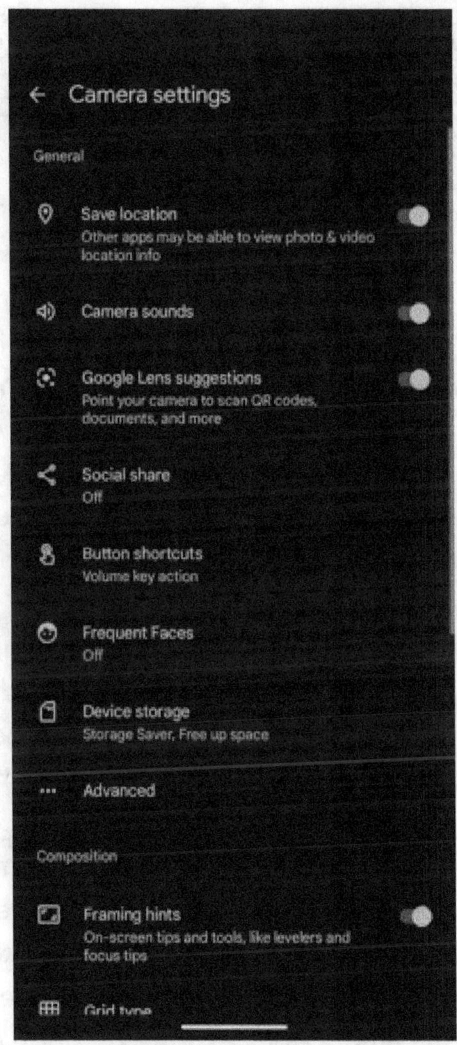

As opções correctas também serão alteradas com base no modo de câmara em que se encontra. Assim, poderá ver o equilíbrio de brancos num modo, mas não noutro.

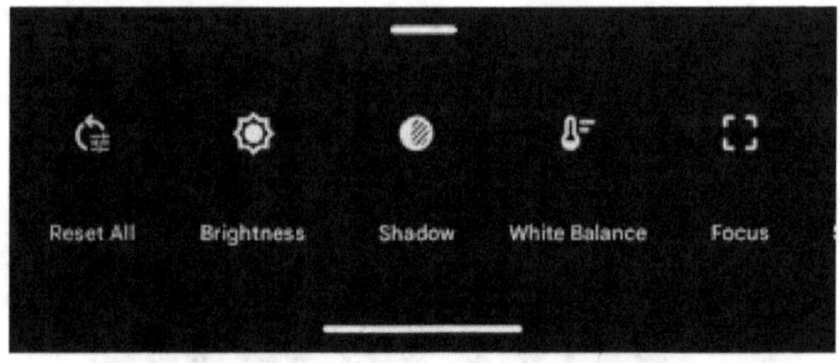

Uma das coisas boas dos telemóveis Pixel é que muitas destas opções secundárias podem ser ajustadas quando tira a fotografia e a edita. Ao contrário de qualquer outro telemóvel no mercado neste momento, o telemóvel Pixel tem tudo a ver com a utilização de IA para melhorar a fotografia.

As opções são bastante simples, mas "Top Shot" (que costumava chamar-se Motion) pode ser novidade para si. Trata-se basicamente de um vídeo muito curto da sua fotografia. Pode activá-lo para todas as fotografias, activá-lo automaticamente quando é detectado movimento ou desactivá-lo. O Top Shot é maior, pelo que armazená-lo neste modo ocupará um pouco mais de espaço. A função Visão nocturna é ideal para situações de pouca luz. O ecrã abaixo apresenta as definições básicas da câmara, mas este menu pode ser ligeiramente diferente, dependendo do modo de câmara em que se encontra.

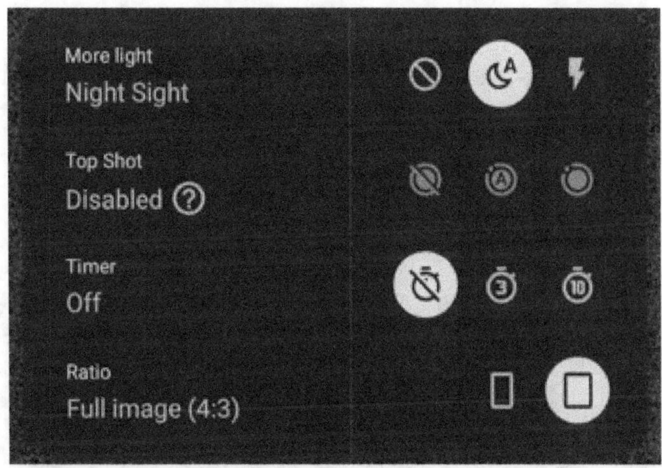

No canto superior direito encontra-se o ícone da pasta, que lhe permite escolher onde guardar a fotografia que está a tirar.

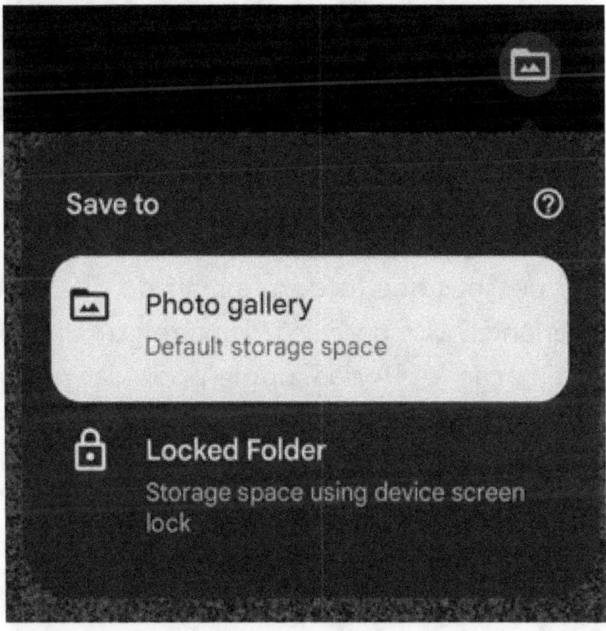

Não há muitas distracções quando se tira uma fotografia, mas uma coisa em que se pode reparar é numa linha que ajuda a ver se a fotografia está direita.

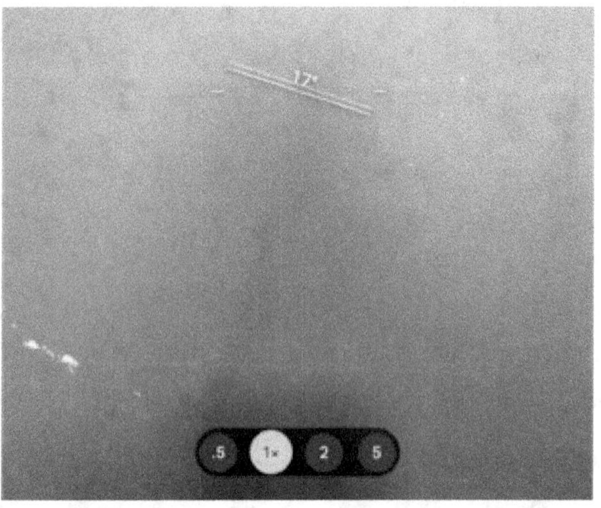

Pode desativar esta opção acedendo a mais definições.

OLÁ AMIGO (FOTO)

Há pessoas que fotografa mais do que outras? Uma criança? Um parceiro? Um amigo? Um animal de estimação? A IA da Google pode dar prioridade às pessoas que fotografa mais. Para a ativar, vá à aplicação Câmara, abra as definições e active Rostos frequentes.

CÂMARA MODOS

De seguida, vamos analisar cada um dos modos.

Pense nos modos como lentes diferentes. Tem a lente básica da câmara, mas também pode ter uma lente para olho de peixe e para grande plano. Se olhar para a parte inferior da aplicação da câmara, pode deslizar para a esquerda e para a direita para aceder aos diferentes modos. Em 2019, a Google adicionou o modo Visão Nocturna, que ajuda a tirar melhores fotografias à noite. Funciona como o modo básico Câmara básico. Também se liga automaticamente quando detecta que está a fotografar à noite.

A seguir à Visão nocturna está o modo Retrato. O modo Retrato confere às suas fotografias um aspeto profissional nítido. Desfoca o fundo para fazer sobressair as suas fotografias. Vou mostrar um exemplo com uma fotografia minha - peço desculpa antecipadamente pelo meu aspeto!

Aqui estou eu com zero desfoque:

E aqui estou eu com o máximo de desfoque:

Como é que se faz isso? Primeiro, deslize para o modo Retrato. O telemóvel tentará descobrir onde está o ponto focal, mas obterá o melhor efeito se tocar no ecrã onde está o foco. Se tocar no rosto, por exemplo, o telemóvel será informado de que pretende desfocar tudo o resto. A alteração não será percetível - pode editá-la depois.

Mostrarei como editar esse desfoque um pouco mais adiante nesta secção.

Vídeo O modo de vídeo grava, adivinhou, vídeos! Depois de tocar em gravar, não existem tantas definições como na câmara. À esquerda, existe um botão de pausa, no meio está o botão de parar e na extrema direita está o obturador da câmara - o que significa que, enquanto está a gravar, ainda pode tirar fotografias.

Existe também um modo de vídeo cine-matográfico que grava vídeos com o efeito de des-focagem - apenas a pessoa principal na cena está focada.

Antes de gravar um vídeo, existe também uma opção para alternar entre Câmara lenta, Normal e Lapso de tempo; se está a chegar ao Pixel vindo de um modelo anterior, provavelmente estará habitu-ado a utilizar estes modos noutro local; cos-tumavam estar localizados em "Mais". A Google decidiu eliminar esse passo extra e colocar todos os modos de vídeo num único local.

Panorama é ótimo para fotografias de paisagens. A fotografia abaixo é um exemplo (nota: não foi tirada com o Pixel):

A forma como funciona no Pixel é tirar uma fotografia e, em seguida, mover-se um pouco para a direita e tirar outra, e assim sucessivamente; depois, todas essas fotografias são unidas para formar uma fotografia gigante. Basta premir o botão de seta para cada fotografia e o botão azul para terminar (ou o botão X para cancelar).

EDITAR FOTOGRAFIA

A edição de fotografias é um dos muitos sítios onde o Good realmente brilha. É aqui que a IA assume verdadeiramente o controlo - pode remover pessoas das fotografias, movê-las para locais diferentes, alterar as suas expressões e até transformar um dia de sol brilhante em algo sombrio.

Para aceder à edição, abra a fotografia que pretende editar. Para tal, basta abri-la a partir da aplicação da câmara, clicando na pré-visualização da fotografia (junto ao obturador);

Ou abrindo a aplicação Fotografias.

Quando abre uma fotografia, a primeira coisa que pretende fazer é tocar no botão Editar.

A linha superior contém as opções de menu. Por baixo das opções, verá todos os menus. A primeira coisa que aparece é sempre Sugestões; esta é sempre dinâmica. Altera-se com base na forma como a IA pensa que pode melhorar a fotografia. Por vezes, é perfeita. Outras vezes... nem por isso.

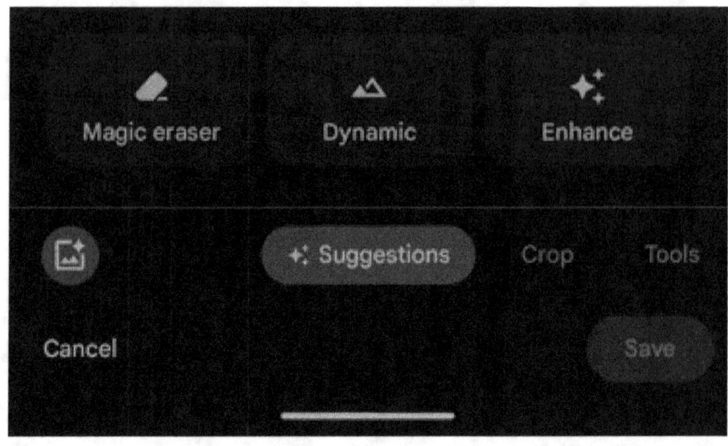

EDITOR MÁGICO

Uma das grandes funcionalidades do Pixel é o Editor Mágico. Este utiliza a IA para permitir efetuar grandes ajustes a uma fotografia - por exemplo, pode mover alguém que esteja numa praia, mas não junto à água, para a beira da água.

É a IA e, por vezes, funciona melhor do que outras. É provável que note em algumas fotografias arestas e outras marcas que tornam claro que a fotografia não é 100% real. Depende realmente da fotografia.

Também pode não ver a opção imediatamente; se tiver um telemóvel novo, certifique-se de que faz todas as actualizações - tanto as actualizações do telemóvel como as da aplicação.

Vamos lá experimentar. Para começar, toque no botão Editar mágico no canto inferior esquerdo do ecrã.

Demorará alguns segundos a carregar, por isso, seja paciente. Para este exemplo, vou pegar numa fotografia de casamento antiga - sim, pode fazer edições numa fotografia mais antiga (no exemplo abaixo, a fotografia tem 15 anos); vou mover-me do lado esquerdo da bancada para o lado direito.

A primeira coisa que faço é circular o que quero mover - não tem de ser exato.

Após alguns segundos, verá uma sombra branca à volta do objeto que o Google pensa que pretende mover.

Pode agora arrastar a parte da imagem para onde quiser.

À medida que a arrasta, pode também beliscar para fora para tornar a imagem maior ou mais pequena.

Quando estiver satisfeito com o local onde a imagem vai ser colocada, solte-a e toque na marca de verificação no canto inferior direito. A imagem começa a regenerar-se. Demorará alguns segundos.

Quando terminar, terá várias fotografias para ver, e pode escolher a melhor. Pode ver na imagem abaixo que não é perfeito; no meu exemplo, foi deixada uma sombra onde eu estava anteriormente sentado. Se não estiver satisfeito, tente novamente - circundando outra coisa - ou tente outra fotografia.

Ferramenta do Céu

Outra funcionalidade promovida é a possibilidade de alterar o céu numa fotografia. Não é bem noite e dia, mas não deixa de ser muito fixe.

Se for a Ferramentas numa fotografia com um fundo exterior, deverá ver a opção Céu. Toque nessa opção. No meu exemplo, vou mudar um céu muito brilhante para algo mais sombrio.

Não é uma mudança drástica, mas pode ver como agora parece mais nublado.

O menu de ferramentas também oferece a opção de aplicar um efeito de desfocagem a uma fotografia. Assim, posso centrar-me em mim e não naquela estrutura em segundo plano.

E, volto a referir, esta é uma fotografia mais antiga - foi tirada há mais de dez anos com um iPhone. Digo isto para deixar claro que podem utilizar qualquer fotografia - tirada com qualquer dispositivo - que desejem.

BORRACHA MÁGICA

O Tools também possui uma das mais recentes e interessantes funcionalidades: Magic Erase. Quer apagar o photobomber da imagem? Já está! Aquela antiga namorada do liceu que lhe partiu o coração? Já era!

Antes de falar mais sobre esta ferramenta de borracha mágica, deixe-me mencionar brevemente que, se estiver a editar uma fotografia de retrato, verá ainda mais opções (ver imagem abaixo).

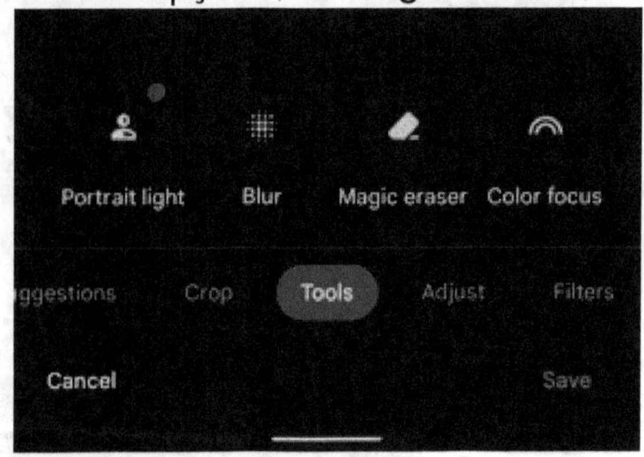

É aqui que pode alterar o foco da imagem (para poder desfocar outra coisa), ajustar a iluminação ou reduzir a quantidade de desfocagem.

Mas voltemos à caraterística principal: o apagar mágico. Como é que funciona? Vamos dar uma olhadela. A imagem abaixo é óptima, não é?! Mas não gosto da estátua à esquerda.

Para a remover, vou a Editar > Ferramentas e selecciono Borracha mágica.

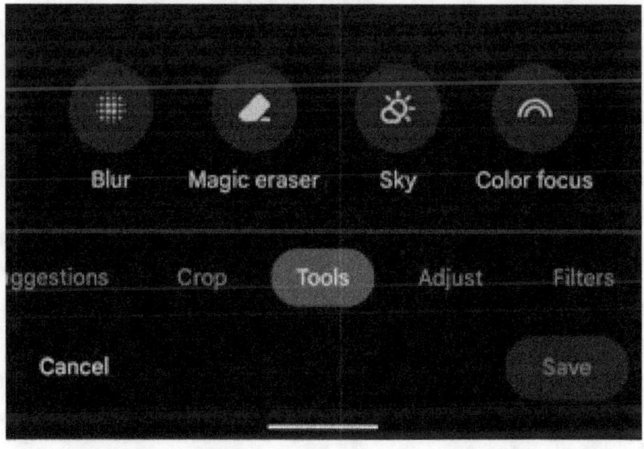

A partir daqui, basta esfregar o dedo na área que pretende apagar.

Quando acabo, levanto o dedo. Puf. Desapareceu!

Muito fixe, não é? Certifique-se de que toca em Concluído e guarde-o.

Se por acaso não vir esta funcionalidade, então provavelmente precisa de atualizar o seu telefone. Além disso, lembre-se de que esse recurso está disponível apenas no Pixel.

OUTROS AJUSTAMENTOS

Ao lado de Ferramentas encontra-se o botão Ajustar. É aqui que pode ajustar manualmente elementos como o brilho. As sugestões também o fazem, mas automaticamente.

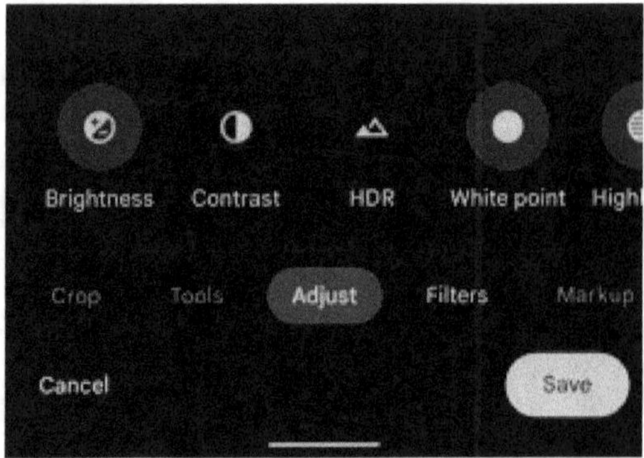

Se clicar em qualquer uma das definições, aparece um novo seletor; mova-o para a esquerda ou para a direita para ajustar a intensidade.

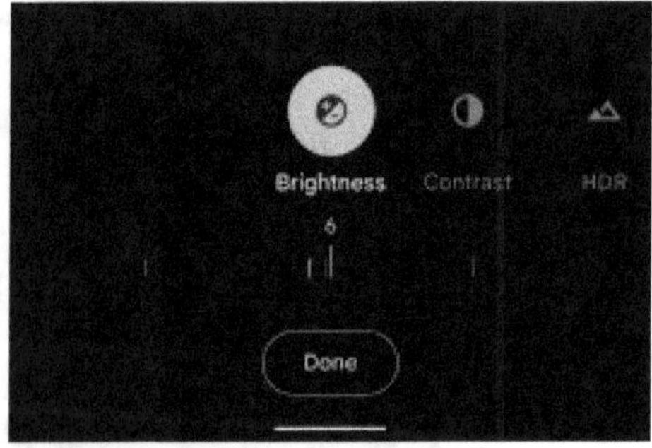

Filtros é a definição seguinte, que aplica automaticamente um filtro à fotografia. Por isso, se quiser que a fotografia tenha um aspeto Vívido, ou seja, cheio de cores vivas, toque no filtro Vívido.

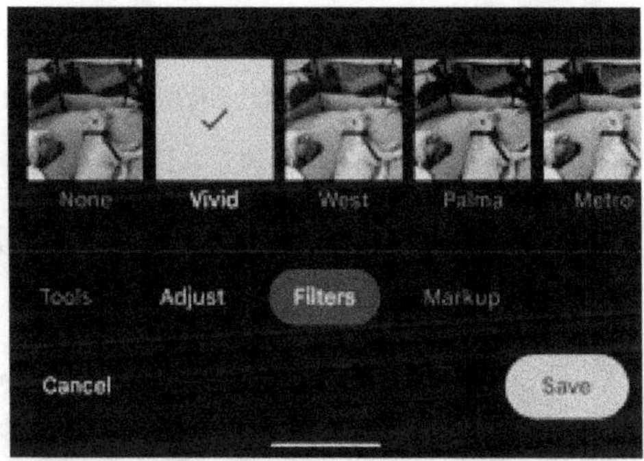

A última definição é Marcação. Esta definição é utilizada para escrever texto ou realçar elementos na fotografia. Por exemplo, se quiser fazer um círculo em torno de algo na fotografia que está a tentar indicar a alguém.

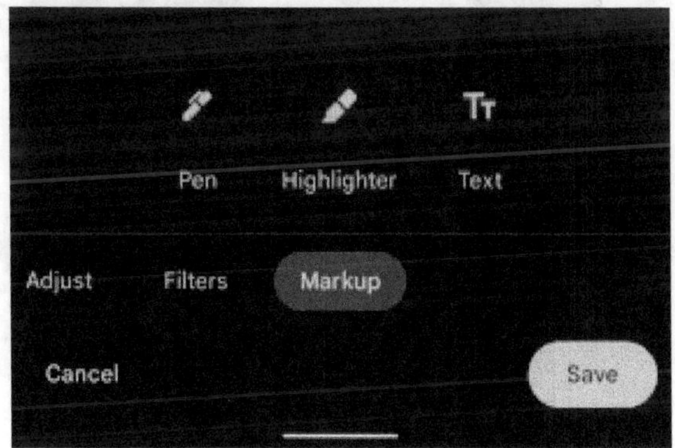

FOTOS DESFOCADAS

A IA da Google ajuda realmente as fotografias a brilhar. A funcionalidade de desfoque mostra todo o potencial deste motor de IA; pode pegar em fotografias anteriormente desfocadas e torná-las mais nítidas.

Está em Ferramentas e diz Desfocar. Toque nessa opção uma vez e ele fará automaticamente o ajuste que achar apropriado para a foto.

Assim que o ajuste for efectuado, verá um cursor que lhe permite fazer mais ajustes - 100 é o máximo que pode fazer; descer nos valores tornaria a fotografia mais desfocada.

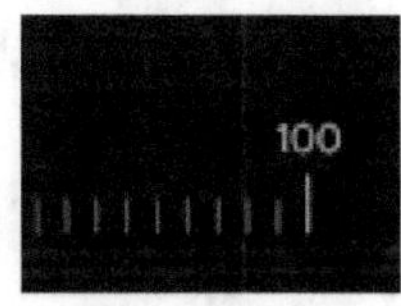

ORGANIZAR AS SUAS FOTOGRAFIAS

A vantagem das fotografias móveis é que tem sempre uma câmara pronta para captar eventos memoráveis; a desvantagem das fotografias móveis é que tem sempre uma câmara pronta para captar eventos e, muito rapidamente, vai ficar com centenas e centenas de fotografias.

Felizmente, o Google torna muito simples a organização das suas fotografias para que possa encontrar o que procura.

Vamos abrir a aplicação Fotografias e ver como organizar as coisas.

O Pixel mantém as coisas bastante simples, apresentando apenas quatro opções na parte inferior do ecrã.

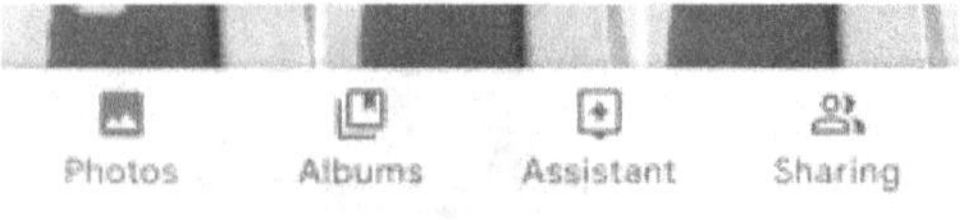

No canto superior direito, existem três pontos, que são o menu de opções de fotografia; esse menu está lá, independentemente de onde estiver na aplicação Fotografia.

Ao tocar nesse menu, são apresentadas várias outras opções.

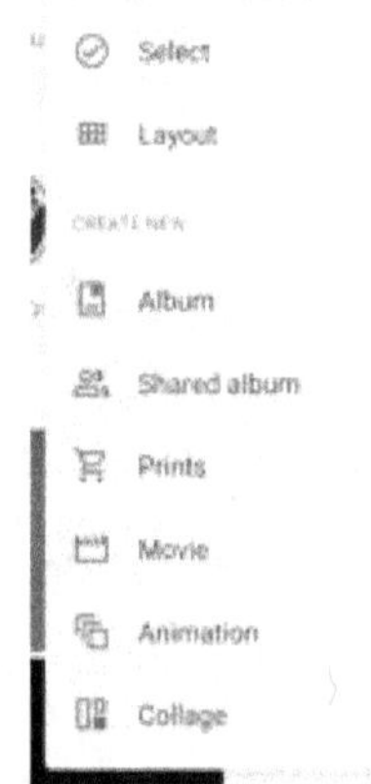

As opções são as seguintes:

- Selecionar - Esta opção permite-lhe selecionar fotografias no ecrã para poder partilhar, enviar por e-mail, imprimir e muito mais.

☐ Apresentação - Existem dois modos de apresentação: Vista confortável (esta vista cria uma grelha com miniaturas de fotografias pequenas e grandes) e Vista mensal (todas as miniaturas têm o mesmo tamanho).

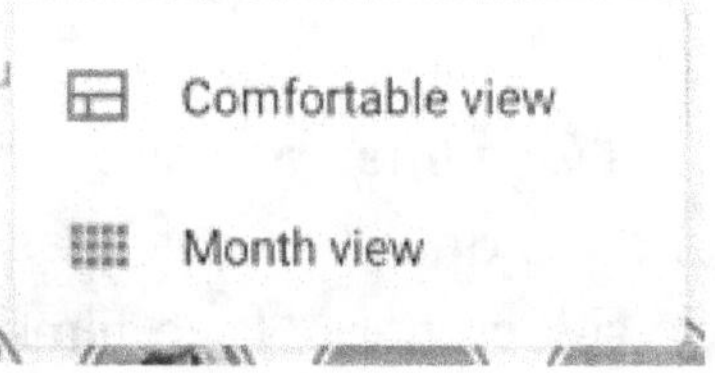

☐ Álbum - Permite-lhe criar um álbum se-leccionando fotografias ou rostos.

☐ Álbum partilhado - Permite-lhe partilhar álbuns.

☐ Impressões - Crie rapidamente álbuns de fotografias que pode imprimir e enviar para sua casa.

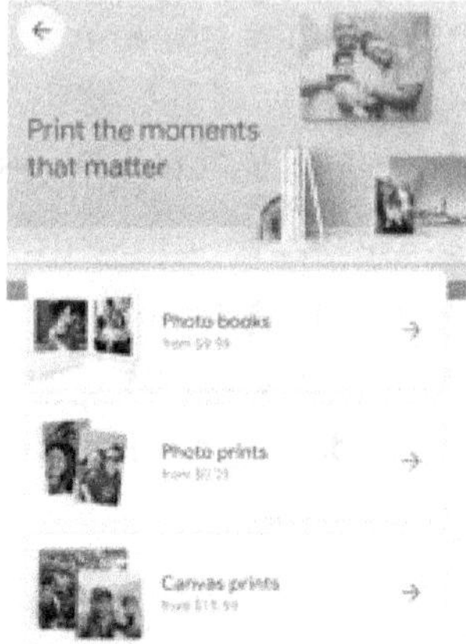

☐ Filme - Os filmes permitem-lhe criar memórias de vídeo das suas fotografias. Pode selecionar "Novo filme" e criar um com base nas fotografias seleccionadas ou escolher um dos muitos modelos. Os filmes podem demorar vários minutos a serem criados quando selecciona esta opção.

- ☐ Animação - A animação é semelhante a um .gif; enquanto os filmes podem durar vários minutos, as animações duram apenas alguns segundos.
- ☐ Colagem - A colagem permite-lhe escolher um máximo de nove fotografias para combinar numa colagem. Se escolher menos, o Google organiza-as automaticamente por si. Abaixo está um exemplo de três fotografias numa colagem. Não existe muita personalização aqui, por isso, se pretender uma colagem, poderá querer transferir uma aplicação de colagem gratuita com mais algumas ferramentas.

No canto superior esquerdo há três linhas; isto abre o segundo ecrã de opções de menu.

Algumas das opções (como comprar impressões) são as mesmas que já viu no outro menu.

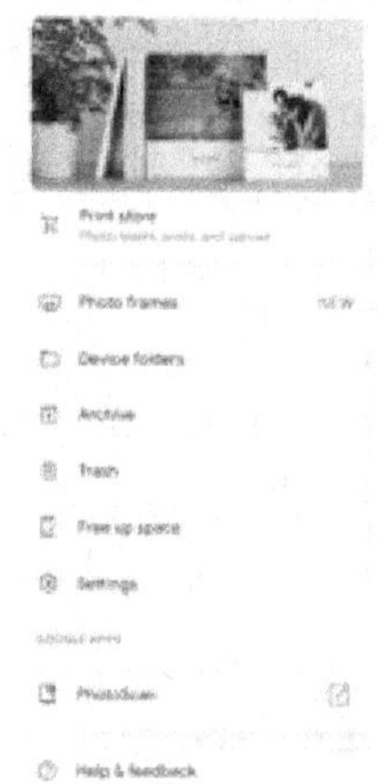

As molduras para fotografias são uma opção disponível se tiver um Google Nest Hub (ou Google Hub). Isto permite-lhe escolher as fotografias que são apresentadas no seu Hub.

As pastas do dispositivo são o local onde pode encontrar as capturas de ecrã, caso tenha tirado alguma. Pode tirar uma captura de ecrã premindo o botão laranja e o botão de baixar o volume ao mesmo tempo.

O Arquivo destina-se a ajudá-lo a organizar o seu telemóvel. Pode arquivar fotografias para que a sua área principal de fotografias tenha menos fotografias; arquivá-las coloca-as aqui, mas continuarão a ser pesquisáveis.

Se apagar uma fotografia, esta não é, de facto, permanentemente apagada do seu dispositivo... ainda. É movida para aqui. Isto é útil se tiver um filho que gosta de apagar coisas! Se tocar em qualquer uma das fotografias, pode restaurá-la ou apagá-la - apagá-la significa que desapareceu para sempre.

A opção "Libertar espaço" remove fotografias do seu dispositivo e faz uma cópia de segurança das mesmas para a sua conta Google. Continua a poder visualizá-las sempre que quiser.

Definições serão abordadas nas secções seguintes.

Por último, o PhotoScan é uma aplicação gratuita que tem de ser descarregada para ser utilizada; a aplicação permite-lhe utilizar a sua câmara Pixel para digitalizar fotografias impressas antigas. Funciona surpreendentemente bem e é recomendada se tiver muitas fotografias que queira guardar.

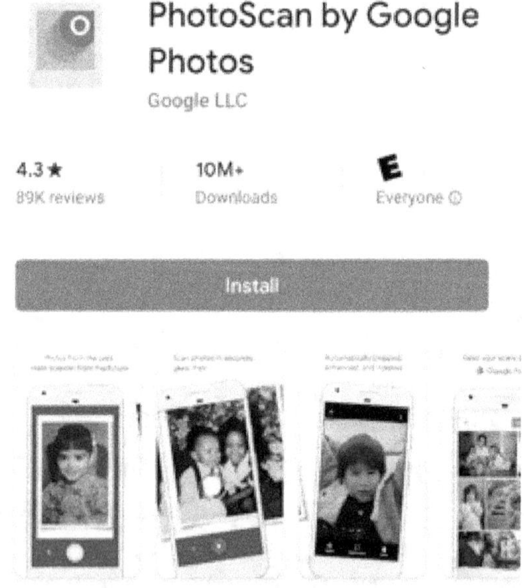

O separador seguinte na parte inferior da aplicação Fotografias (Álbuns) é onde pode começar a agrupar as suas fotografias. Já existem coisas como Locais e Coisas que têm álbuns; se tiver marcado alguma coisa com uma estrela, também verá um para Favoritos.

O que talvez não saiba é que a Google está a trabalhar discretamente em segundo plano para descobrir quem está nas fotografias. Quando tirar várias fotografias, verá uma chamada Pessoas e animais de estimação.

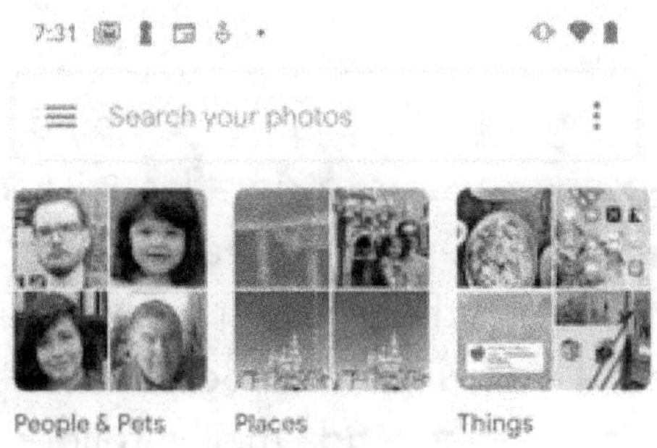

Quando a abre, vê pessoas que provavelmente reconhece e, quando clica nelas, mostra-lhe outras fotografias em que elas aparecem. Muito fixe, não é? O que é mais fixe é que pode dar um nome a essas pessoas, para que possa procurá-las mais facilmente. Basta clicar na cara da pessoa e, em seguida, tocar em "Adicionar um nome". No exemplo abaixo, o Google encontrou o rosto do meu cão.

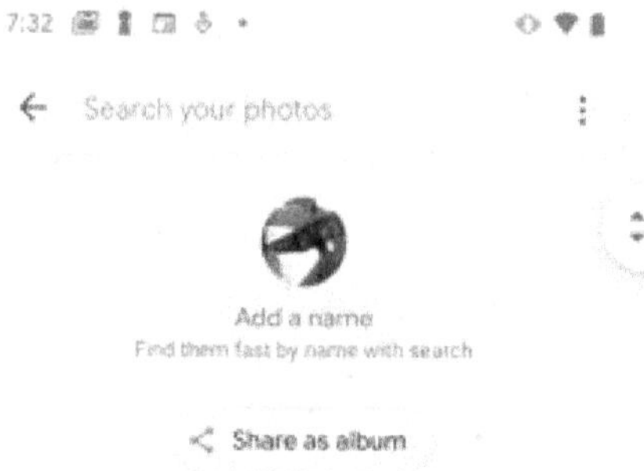

Adicionei o nome dela, por isso, quando volto atrás, vejo agora a fotografia com o nome dela. Agora posso procurar fotografias utilizando o nome dela. Também é possível procurar fotografias utilizando nomes de locais ou mesmo de alimentos ou coisas. A pesquisa de fotografias é bastante inteligente e torna-se ainda mais inteligente à medida que tira mais fotografias.

Quando pretender criar um novo álbum, basta clicar nos três pontos no canto superior direito.

Ser-lhe-á pedido que lhe dê um nome; pode escolher o que quiser. A partir daqui, pode selecionar automaticamente coisas com base em pessoas e animais de estimação, ou pode selecionar as suas próprias fotografias.

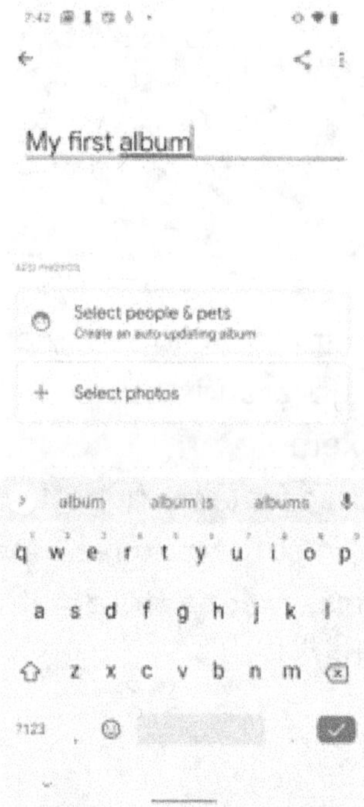

Se selecionar fotografias por si próprio, só terá de tocar manualmente em cada uma das fotografias que pretende incluir no álbum.

Se selecionar a criação automática, só tem de escolher o que pretende utilizar (o nome de uma pessoa, por exemplo).

Uma vez criado o álbum, pode tocar nos três pontos no canto superior direito para adicionar mais fotografias, ordenar fotografias, apagar o álbum ou partilhar.

Select

Edit album

Options

Order photos

Delete album

Também pode clicar no botão Partilhar no álbum (ou em qualquer fotografia), o que abre o menu Partilhar. Pode partilhar com uma ligação, por e-mail, Bluetoothmensagem de texto e muito mais.

A opção Assistente consiste em recomendações do bot de IA da Google; este recolhe memórias com base nos locais onde esteve e agrupa o que considera serem as melhores fotografias.

A última opção no menu inferior é Partilhar. A partilha permite-lhe selecionar outras pessoas que podem ver as suas fotografias. Pode, por exemplo, partilhar todas as fotografias de uma determinada pessoa com essa pessoa e pode definir a partilha de novas fotografias dessa pessoa sempre que as tirar.

Para começar, basta tocar em "Adicionar conta de parceiro".

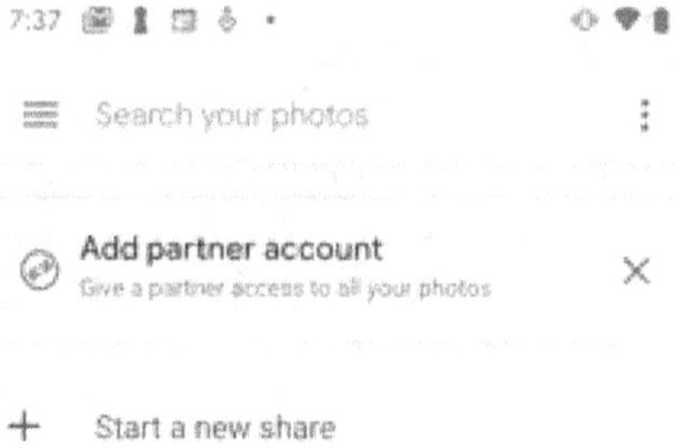

Em seguida, verá um ecrã que lhe diz o que é a partilha. Toque na opção azul "Começar a utilizar".

A partir daqui, pode procurar o nome ou o e-mail da pessoa; o Google também pode ter alguns contactos sugeridos para si e basta tocar no nome.

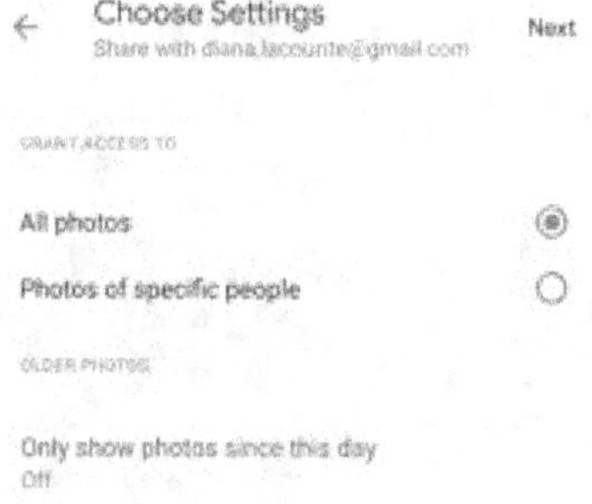

Depois de escolher a pessoa, é-lhe perguntado o que pretende partilhar. Pode partilhar todas as fotografias agora e no futuro, ou pode escolher determinadas pessoas ou dias.

Confirmará o que está a partilhar antes de partilhar; depois de tocar em "Enviar convite", enviará um convite por correio eletrónico a essa pessoa e esta terá de o aceitar antes de ver as fotografias.

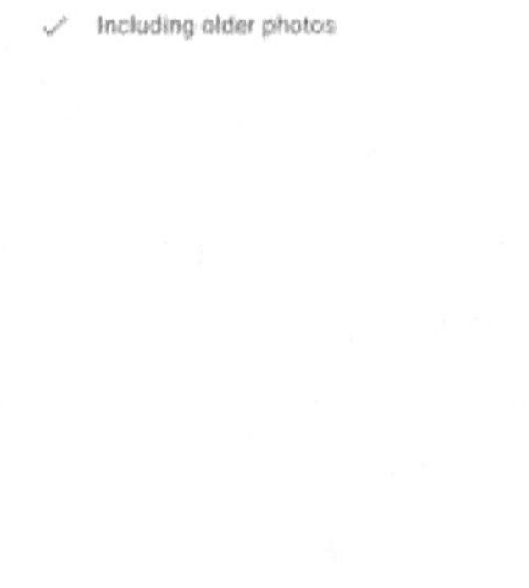

DEFINIÇÕES

Provavelmente, não passará muito tempo nas definições de fotografia, mas é bom conhecê-las para as ocasiões em que pretenda efetuar alterações.

Pode aceder às suas definições abrindo a aplicação Fotografia, tocando nas três linhas no canto superior esquerdo e, em seguida, tocando em Definições.

Free up device storage
Remove original photos & videos from your device that
are already backed up

Notifications
Manage preferences for notifications

Group similar faces
Manage preferences for face grouping

Assistant cards
Choose the types of cards to show

Memories
Manage what you see in your memories

SHARING

Shared libraries
diana.lacounte@gmail.com

Remove video from motion photos
Share only the still photos when sharing by link
& in albums

Remove geo location
From photos & videos that you share by link,
but not by other means

Existem três áreas nas definições: Principal,
Partilha e Aplicações Google.

DEFINIÇÕES PRINCIPAIS

- ☐ Cópia de segurança e sincronização - Permite-lhe escolher a forma como as fotografias são guardadas (a que conta de
  correio eletrónico estão ligadas, a
  resolução das fotografias, quando fazer a
  cópia de segurança, onde fazer a cópia
  de segurança e muito mais).

- ☐ Libertar o armazenamento do dispositivo
  - Remove fotografias do seu dispositivo e
  armazena-as na sua conta para que tenha
  mais espaço para fotografias adicionais.

- ☐ Notificações - Permite-lhe escolher os tipos de notificações pop-up que irá receber relativamente a fotografias (partilha sugerida, promoções de impressão, rascunhos de álbuns fotográficos, álbuns fotográficos sugeridos).

- ☐ Agrupar rostos semelhantes - Ativar e desativar o agrupamento de rostos; se não quiser que um robô analise as suas fotografias para descobrir a pessoa que está na fotografia, pode desactivá-lo aqui.

- ☐ Cartões do assistente - Escolhe os cartões que aparecem no menu Assistente da aplicação Fotografias (Criações, Redescobrir este dia, Destaques recentes, Rotações sugeridas, Arquivo sugerido).

- ☐ Memórias - As memórias são normalmente divertidas; ver o Google mostrar-lhe uma fotografia do seu filho em bebé pode colocar um sorriso no seu rosto ao começar o dia. Mas, por vezes, as recordações podem ser desagradáveis - passa por um divórcio complicado ou um ente querido morre, e o Google está lá para lhe recordar o seu rosto. Pode retirar essas pessoas das suas memórias aqui. Não as elimina da sua conta; apenas deixa de as ver aparecer no seu feed.

DEFINIÇÕES DE PARTILHA

- ☐ Bibliotecas partilhadas - Permite-lhe ver quem pode ver as suas fotografias.
- ☐ Remover vídeo de fotografias com movimento - As fotografias com movimento são bonitas, mas também são grandes. Se preferir mostrar apenas a fotografia e não o clip de vídeo que a acompanha, pode desactivá-lo aqui.
- ☐ Remover a localização geográfica - As suas fotografias têm etiquetas geográficas (a menos que as desactive), o que significa que, quando partilha uma fotografia, esta pode conter informações como o seu endereço de casa. Se não quiser que as pessoas vejam isso, pode desativar a localização geográfica com as pessoas com quem está a partilhar a fotografia.

APLICAÇÕES GOOGLE

- ☐ Localização Google definições - Permite-lhe escolher as aplicações que podem ver as suas fotografias.
- ☐ Google Lens - Não é tanto uma definição como instruções sobre como utilizar a aplicação.

[7]

IR MAIS ALÉM

Este capítulo abordará:
  ☐ Definições do sistema

Se quiser assumir o controlo total do seu Pixel, precisa de saber onde se encontram as definições do sistema e o que pode e não pode ser alterado.

Primeiro, a parte mais fácil: as definições do sistema estão localizadas juntamente com as restantes aplicações. Deslize para cima e desloque-se para baixo até "Definições."

Existem muitas definições aqui. Abaixo estão as disponíveis:

- ☐ Rede e Internet
- ☐ Dispositivos ligados
- ☐ Aplicações
- ☐ Notificação
- ☐ Bateria
- ☐ Armazenamento
- ☐ Som e vibração
- ☐ Ecrã
- ☐ Papel de parede e estilo
- ☐ Acessibilidade
- ☐ Privacidade
- ☐ Localização
- ☐ Segurança e emergência
- ☐ Segurança
- ☐ Palavras-passe e contas
- ☐ Bem-estar digital e controlo parental
- ☐ Google
- ☐ Sistema
- ☐ Sobre o telefone
- ☐ Sugestões e apoio

Neste capítulo, abordarei o que cada definição faz.

REDE E INTERNET

Esta definição, tal como a maioria das definições, faz exatamente o que parece: liga à Internet. Se precisar de se ligar a uma nova ligação sem fios (ou de se desligar de uma), pode fazê-lo aqui. Tocar na rede sem fios atual permite-lhe ver outras redes e o botão de alternância permite-lhe ligá-la e desligá-la.

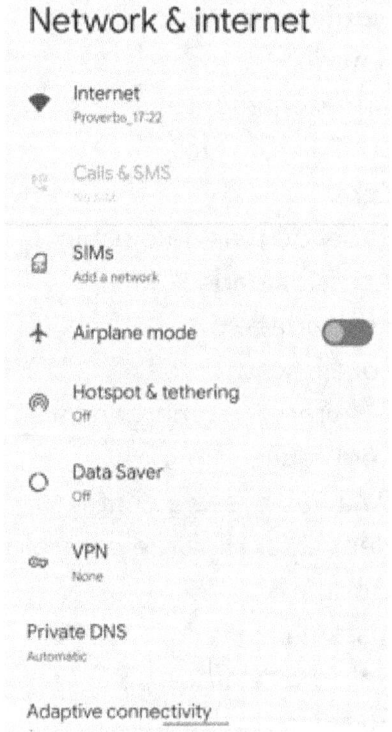

A rede móvel corresponde ao seu operador (Verizon, AT&T, Sprint, etc.).

A utilização de dados indica-lhe a quantidade de dados que utilizou; se tocar nela, obtém uma visão geral mais aprofundada, para que possa ver exatamente quais as aplicações que utilizaram os dados. Porque é que isto é importante? Para a maioria, provavelmente não será. Vou dar um exemplo de quando me ajudou: Trabalho muito em viagem; utilizo a ligação sem fios do meu telemóvel para ligar o meu portátil (o que se chama tethering); o meu MacBook estava configurado para fazer cópias de segurança para a nuvem e, mal sabia eu, que estava a fazer isso enquanto se ligava ao meu telemóvel... 20 GB depois, consegui identificar o que tinha acontecido ao ver os dados.

A seguir, temos o Hotspot & tethering. É quando utiliza os dados do seu telemóvel para ligar outros dispositivos; pode utilizar o plano de dados do seu telemóvel, por exemplo, para utilizar a Internet no seu iPad. Algumas operadoras cobram um suplemento por este serviço - a minha (AT&T) inclui-o no plano. Para o utilizar, toque na definição e active-a e, em seguida, indique o nome da rede e a palavra-passe. A partir do outro dispositivo, encontra a rede que configurou e liga-se.

O modo de avião é o seguinte. Esta definição desliga toda a atividade sem fios com um interrutor. Assim, se estiver a viajar de avião e lhe disserem para desligar tudo o que não tem fios, pode fazê-lo com um interrutor.

Finalmente, Advanced serve para fazer algumas ligações sem fios numa rede privada. Isto não é algo que um utilizador principiante precise de fazer e não o vou abordar, uma vez que o objetivo deste livro é mantê-lo ridiculamente simples.

DISPOSITIVOS LIGADOS

"Dispositivos ligados" é a forma de a Google dizer Bluetooth. Se tiver algo que se ligue por

Bluetooth (como um autorrádio ou auscultadores), toque em "Emparelhar novo dispositivo". Se já tiver emparelhado um dispositivo anteriormente, este será apresentado abaixo e pode simplesmente tocar nele para voltar a ligar.

APLICAÇÕES

Cada aplicação que descarrega tem definições e permissões diferentes. Uma aplicação de mapas, por exemplo, precisa da sua permissão para saber a sua localização. Pode ativar e desativar estas permissões aqui. Isso é realmente importante? Os fabricantes de aplicações não podem abusar, certo? Mais ou menos. Eis um exemplo: há alguns meses, uma popular aplicação de partilha de boleias foi notícia porque queria saber onde estavam os passageiros depois de saírem da boleia, para poder promover diferentes restaurantes e lojas e ganhar ainda mais dinheiro. Muitos acharam que isto era ganancioso e uma invasão de privacidade; se for desta última opinião, pode entrar aqui e deixar de partilhar a sua localização.

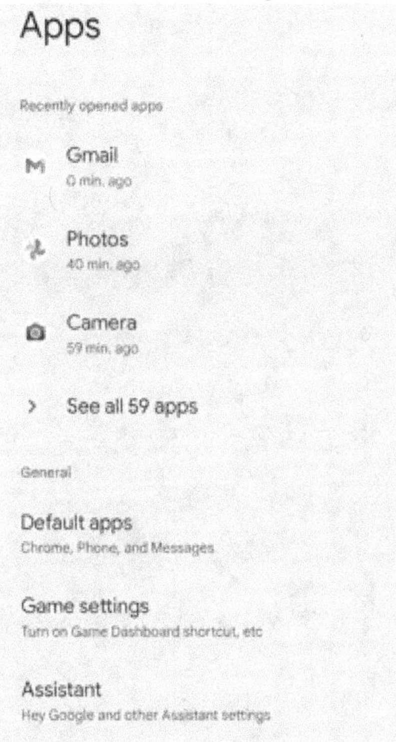

Também pode utilizar esta definição para ativar os Atalhos de Jogo.

NOTIFICAÇÕES

Quer ver as notificações que rejeitou acidentalmente? Pode encontrar isso nas definições de

Notificações. Também pode decidir a prioridade que as pessoas têm quando recebe notificações. As bolhas permitem que as conversas apareçam como ícones flutuantes; pode ativar e desativar esta opção aqui.

BATERIA

A definição da bateria tem mais a ver com a análise do que com as definições que pode alterar. Existem algumas definições que podem ser editadas - pode colocar o telemóvel no modo de poupança de bateria, por exemplo. Esta definição é mais útil se a bateria se estiver a esgotar muito rapidamente; ajuda-o a resolver o problema para que possa obter mais vida útil do telemóvel.

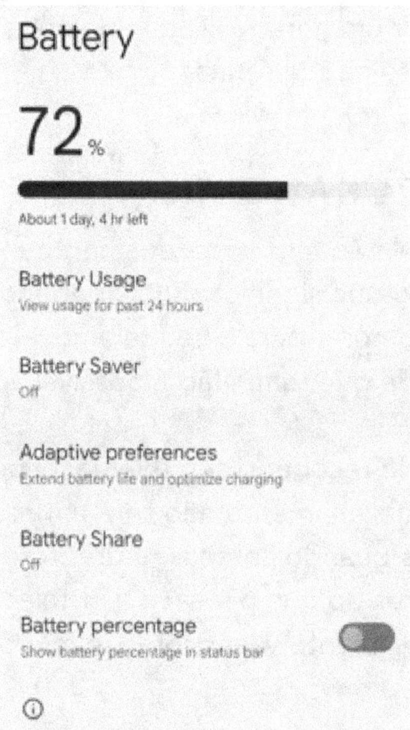

Uma bateria mais inteligente

A IA da Google pode prolongar a vida útil da sua bateria. Por predefinição, o Pixel entra automaticamente no modo de poupança de bateria quando chega aos 10% de bateria restante. Isso é ótimo. Mas também pode configurá-lo para entrar em funcionamento com base na sua rotina. Assim, a IA da Google prevê os seus hábitos diários e ajusta a bateria em conformidade.

Para utilizar este modo, aceda à aplicação Definições do sistema e, em seguida, toque em Bateria e Poupança de bateria. Em seguida, toque em Definir um horário. Toque na opção que diz "Com base na sua rotina".

ARMAZENAMENTO

O Pixel não tem armazenamento expansível para SD, o que significa que, independentemente do que comprar para o seu telemóvel, é essa a quantidade que tem. Não é possível actualizá-lo mais tarde.

Quando receber o seu telemóvel pela primeira vez, o armazenamento não será um grande problema, mas quando começar a tirar fotografias (que são maiores do que pensa) e a instalar aplicações, o armazenamento vai esgotar-se muito rapidamente.

A definição de armazenamento ajuda-o a gerir isto. Mostra-lhe o que está a ocupar espaço de armazenamento, para que possa decidir se pretende eliminar coisas. Basta tocar em qualquer uma das subsecções e seguir as instruções sobre o que fazer para poupar espaço.

SOM & VIBRAÇÃO

Existe um botão de volume na parte lateral do telefone, por isso, porque é que precisa de abrir uma definição para ele? Esta definição permite-lhe ser mais específico quanto ao volume.

Por exemplo, pode querer que o seu alarme toque muito alto de manhã, mas quer que a sua música toque muito baixo.

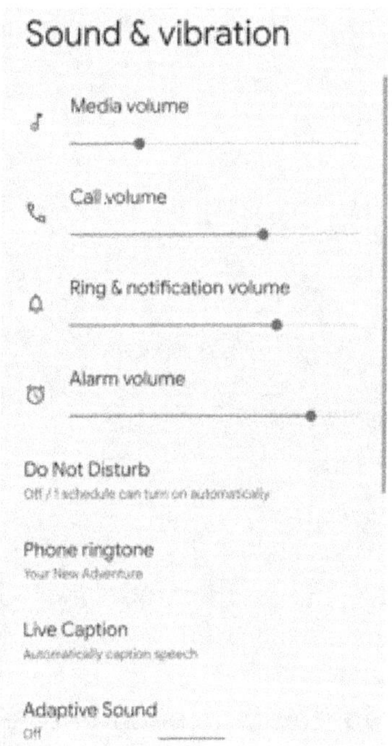

ECRÃ

Tal como acontece com a maioria das definições, quase todas as principais características da definição de Ecrã podem ser alteradas fora da aplicação. No entanto, se tocar em "Avançadas", verá algumas definições que não se encontram noutros locais. Estas incluem a alteração de cores e tamanhos de letra.

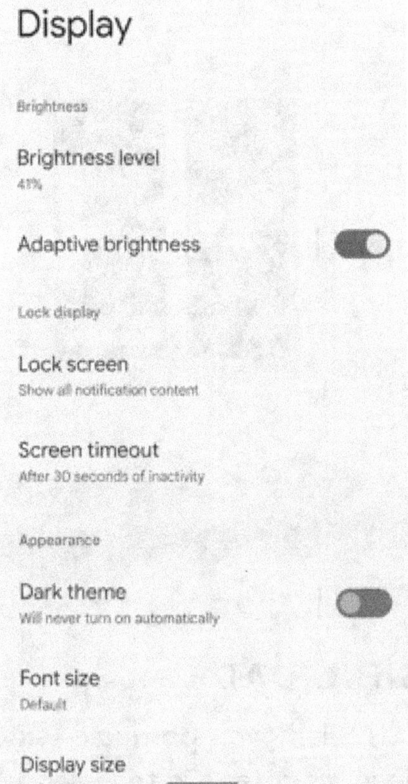

PAPEL DE PAREDE E ESTILO

Esta definição não é mais do que a definição que surge quando se acede ao papel de parede a partir do ecrã inicial.

ACESSIBILIDADE

Odeia os telemóveis porque o texto é demasiado pequeno, as cores são todas erradas, não consegue ouvir nada? Ou outra coisa qualquer? É aí que a acessibilidade pode ajudar. É aqui que faz alterações ao dispositivo para o tornar mais fácil para os seus olhos ou ouvidos.

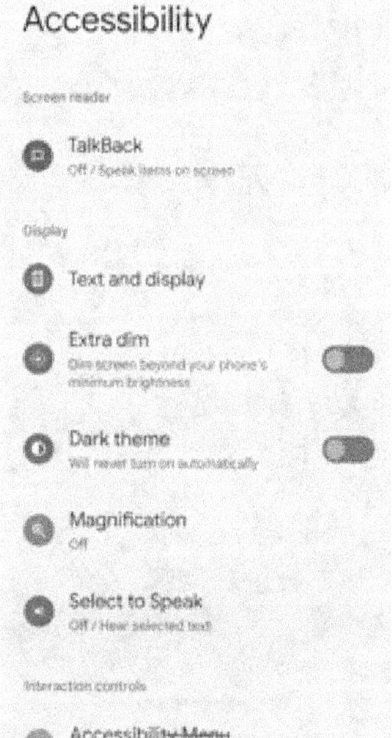

PRIVACIDADE

Como a localização Controlo de localização (abordado abaixo), as definições de privacidade receberam uma grande atualização no Android. É tão grande que agora preenche uma secção inteira nas definições.

Aceda a Sistema > Privacidade e toque em "Avançadas" para ver todas elas.

Privacy

Privacy dashboard
Show which apps recently used permissions

Permission manager
Control app access to your data

Camera access
For all apps and services

Microphone access
For all apps and services

Show passwords
Display characters briefly as you type

Notifications on lock screen
Show all notification content

Android System Intelligence
Get suggestions based on the people, apps, and content you interact with

Personalize using app data
Allow apps to send content to the Android system

A maior atualização é a capacidade de personalizar as aplicações que vêem o quê; já não é tudo ou nada. Pode refinar exatamente quanto ou quão pouco cada aplicação pode ver.

O Painel de privacidade é uma das formas mais fáceis de ver o que as aplicações estão a fazer. No exemplo abaixo, mostra que, nas últimas 24 horas, a maioria das minhas aplicações estava a utilizar a minha localização.

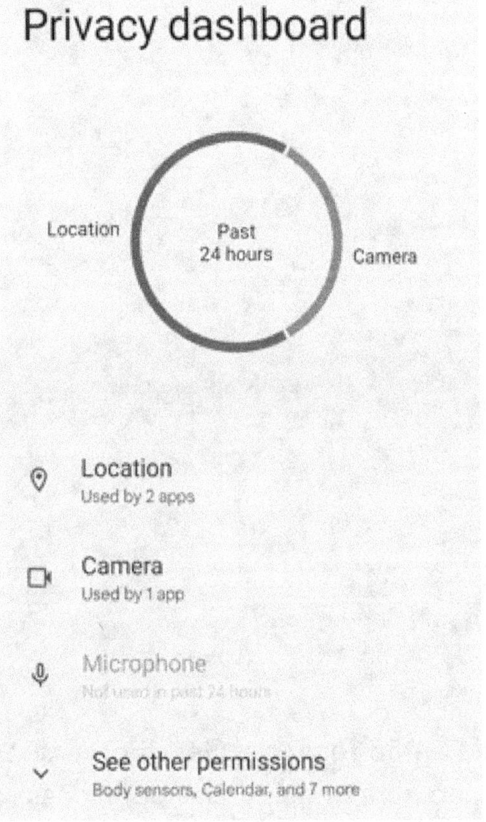

Tocar em Localização revelará quais as aplicações que estavam a utilizar a localização.

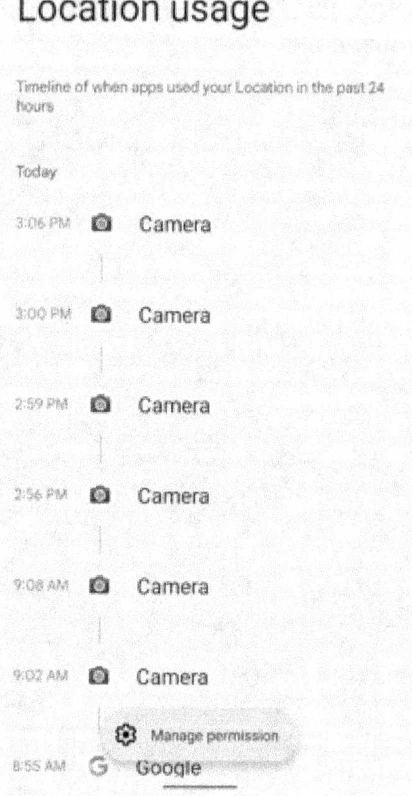

Pode então tocar em Gerir permissões (neste ecrã ou no ecrã principal das definições) para desativar a partilha de localização.

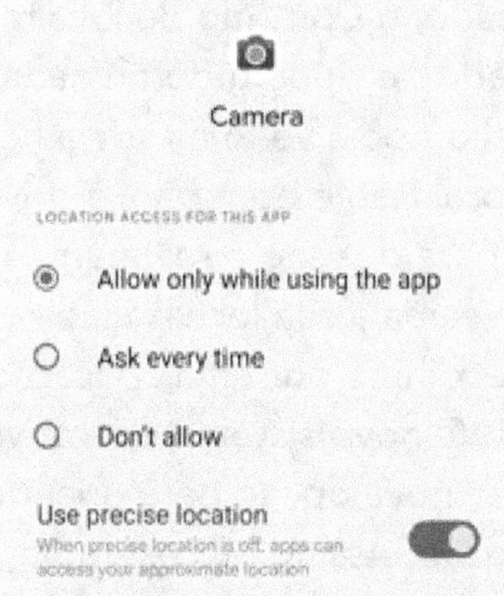

SEGURANÇA

Se pretender alterar o seu ecrã de bloqueio, adicionar uma impressão digital adicional ou ativar/desativar a definição Encontrar o telefone, pode fazê-lo aqui.

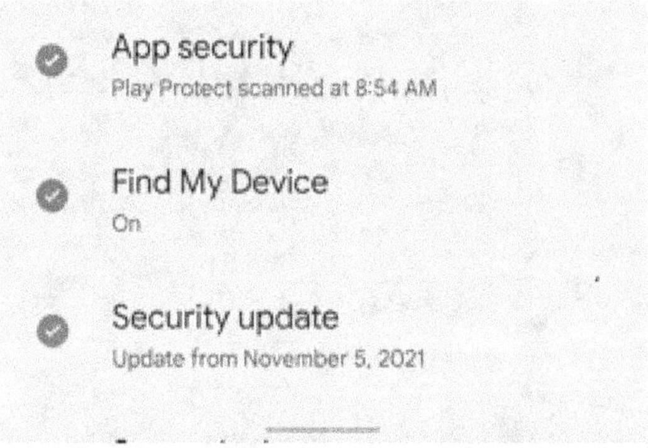

LOCALIZAÇÃO

No passado, o Controlo de localização era uma funcionalidade do tipo "tudo ou nada" - decidia se uma aplicação podia vê-lo a toda a hora ou a nenhuma hora. Isso é bom para a privacidade, mas não é bom para quando é realmente necessário que alguém saiba a sua localização - como quando está a ser recolhido por uma aplicação de boleias como a Lyft. O novo sistema operativo Android adiciona uma nova opção para quando está a utilizar a aplicação. Assim, por exemplo, uma aplicação de boleias só pode ver a sua localização enquanto estiver a utilizar a aplicação; quando a boleia terminar, já não podem ver o que está a fazer.

Para escolher a localização que uma aplicação pode ver, vá a Sistema > Localização e seleccione a aplicação e, em seguida, toque em quando podem ver a sua localização.

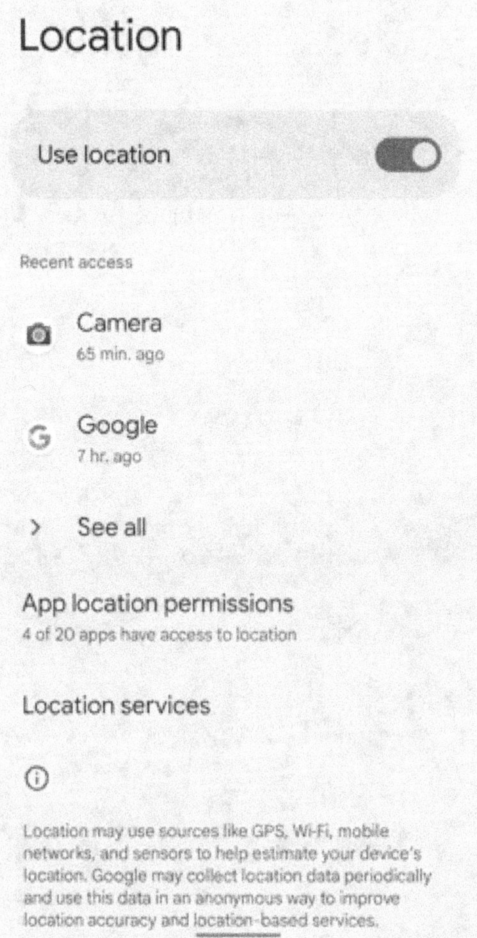

SEGURANÇA E EMERGÊNCIA

Estas definições permitem-lhe adicionar detalhes importantes sobre si, como o seu tipo de sangue; permitem-lhe também ativar funcionalidades de segurança, como a deteção de colisões se o seu dispositivo móvel detetar um movimento que é comum em acidentes de viação.

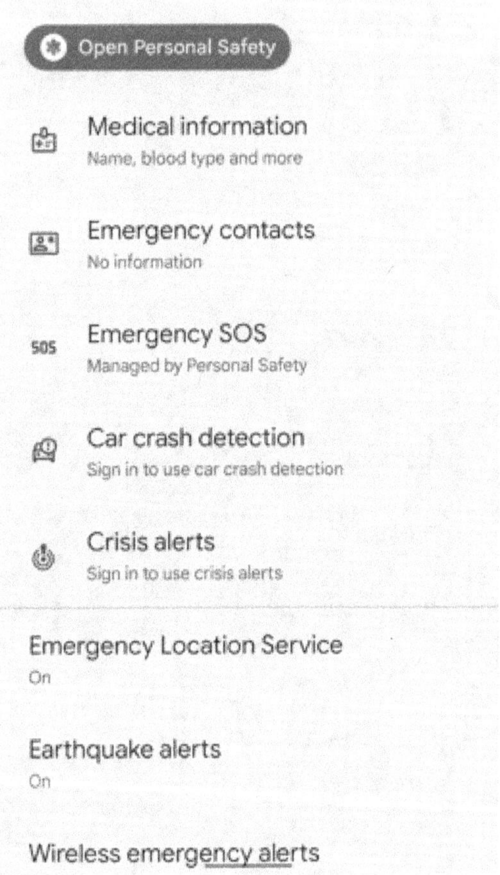

DETEÇÃO DE COLISÃO AUTOMÓVEL

Ninguém espera utilizar esta funcionalidade, mas ficar-lhe-á grato se o impensável acontecer. Com a deteção de colisões activada, o telemóvel alerta os serviços de emergência se detetar que esteve envolvido num acidente de viação. O telefone não liga imediatamente, mas dá-lhe um aviso para lhe dizer o que está a fazer, por isso, se for um erro, pode pará-lo. Para o ativar, vá a Definições > Segurança e emergência > Deteção de acidente automóvel.

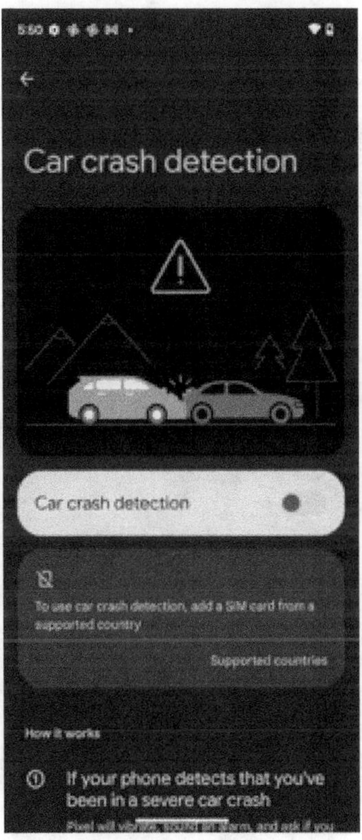

BEM-ESTAR DIGITAL

Bem-estar digital é a minha funcionalidade menos favorita no telemóvel Pixel; agora, quando a minha mulher diz "Passas demasiado tempo no telemóvel", pode mesmo prová-lo!

O objetivo da definição é ajudá-lo a gerir melhor o seu tempo. Permite-lhe saber que passa

12 horas por dia a atualizar as suas redes sociais com memes de gatos, e "esperamos" que o faça sentir que talvez não deva fazer isso.

Digital Wellbeing & parental controls

Your Digital Wellbeing tools

Use app timers and other tools to keep track of screen time and unplug more easily

Show your data

Parental controls

Add content restrictions and set other limits to help your child balance their screen time

GOOGLE

O Google é o local onde se dirige para gerir qualquer dispositivo Google ligado ao seu telefone. Se estiver a utilizar um relógio Google, por exemplo, ou um Chromecast.

SISTEMA

O sistema é importante por uma razão muito importante: as actualizações do sistema. Se o telemóvel não estiver configurado para transferir actualizações automaticamente, terá de o fazer manualmente aqui.

Toque no botão "Avançadas".

Isto dá-lhe um menu com mais funcionalidades. Uma delas é a "Atualização do sistema". Se houver uma atualização disponível, esta será indicada. Se o disser, toque nele.

System update
Update available

Terá de reiniciar o telemóvel antes de o descarregar.

Security update available

This update fixes critical bugs and improves the performance and stability of your Pixel 3. If you download updates over the cellular network or while roaming, additional charges may apply.

Update size: 108.5 MB

Restart now

Também é possível alterar o idioma nesta definição, bem como fazer alterações aos gestos e impor limites aos utilizadores.

SOBRE O TELEFONE

É aqui que encontra informações gerais sobre o seu telemóvel. Por exemplo, o sistema operativo que está a executar, o tipo de telemóvel que tem, o endereço IP, etc. É mais para informação, mas há aqui algumas definições que pode alterar.

SUGESTÕES E APOIO

Isto não é propriamente um cenário. São apenas dicas e apoio. Também pode falar com o apoio aqui.

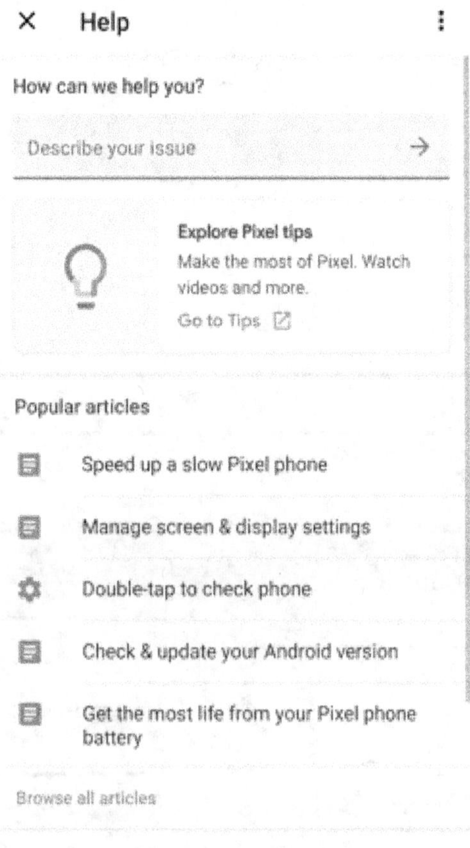
Help

How can we help you?

Describe your issue

Explore Pixel tips
Make the most of Pixel. Watch videos and more.
Go to Tips

Popular articles

Speed up a slow Pixel phone

Manage screen & display settings

Double-tap to check phone

Check & update your Android version

Get the most life from your Pixel phone battery

Browse all articles

Contact us   Show hours

ÍNDICE

SOBRE O AUTOR

Scott La Counte é um escritor e designer de experiências. O seu primeiro livro, *Quiet, Please: Dispatches from a Public Librarian* (Da Capo 2008) foi a escolha do editor do Chicago Tribune e um título Discovery do Los Angeles Times; em 2011, publicou o livro para jovens adultos The N00b Warriors, que se tornou um bestseller n.º 1 da Amazon; o seu livro mais recente é *Consider the Ostrich*.

Também ensina UX Design na UC Berkeley.

Pode contactar com ele em ScottDouglas.org.

www.ingramcontent.com/pod-product-compliance
Lightning Source LLC
Chambersburg PA
CBHW070929260726

48661CB00003B/895